カズオ・イシグロ
西村 勇夫
西部 邁
谷口 稜曄
後藤 文雄
メアス・ブン・ラー
大田 昌秀
無着 成恭
本田 哲郎
義父と実母
ドナルド・キーン
新井 英一
檀 一雄
田畑 ヨシ
李 鶴来
三人の女学生たち
加藤 登紀子
ローマ教皇フランシスコ
中村 哲

まなざしの力

ヒューマンドキュメントの人々

テレビディレクター・プロデューサー
渡辺 考

かもがわ出版

まえがきにかえて

私がテレビディレクターという仕事を始めて三十年になる。そのうちの二十年は、ドキュメンタリーというジャンルで世の中を見つめようと足掻《あが》いてきた。果実は、人々との邂逅である。取材と撮影を進めていく中、内外で様々な出会いと触れあいを重ねてきた。そのたびに心に刻まれたのが、被写体の方たちのまなざしの力だった。

幸せあふれる優しい目、怒りに満ちた目、慈愛の目、悲しみの目。うつろな目。不条理への諦念の目。眼《まなこ》にたたえられた色は様々だった。そこに映るのは、人々の心の声だった。呟きであり、そして叫びでもあった。

私の出会った人々のまなざしに宿った力と背後に広がる世界を綴ったのが本著である。もともとは、『月刊保団連』に三年にわたって掲載したものだが、大幅に筆を加えた。新たに書き下ろしたものもある。

私がドキュメンタリーとして主に描いてきたのは、近現代史の中で葛藤した人々である。あらためて振り返ると、戦争や不条理な権力に翻弄された経験を持つ方々が多い。そのために、主たる取材対象は高齢者である。私がまったく知り得ない出来事を生で体感された人々から発せられる言葉は重く深く、体の奥に染みこむものばかりだった。それが本著を記すエネルギーとなった。
脳裏に刻まれたまなざし。そして、その奥底から発せられたメッセージ。私が、敬愛する人たちから受けとったバトンを本著から少しでも感じていただけたらと強く願っている。

まなざしの魅力溢れる世界へようこそ！

まなざしの力
ヒューマンドキュメントの人々

もくじ

装丁　加門啓子

第1話

カズオ・イシグロ

（ノーベル文学賞受賞作家）

静かな光

2017年12月6日のスウェーデンアカデミー記者会見でのカズオ・イシグロさん（撮影：Frankie Fouganthin）

カズオ・イシグロ（石黒和夫）

1954年11月8日長崎生まれ。5歳の時に英国に渡り、その後英国籍を取得。ケント大学で英文学を、イースト・アングリア大学大学院で創作を学ぶ。ソーシャルワーカーなど、様々な仕事をする中で執筆活動を開始。『遠い山なみの光』（1982年）で王立文学協会賞、『浮世の画家』（1986年）でウィットブレッド賞、『日の名残り』で英文学の最高賞ブッカー賞に輝き、2017年ノーベル文学賞受賞。

私が現代イギリスを代表する作家と出会ったのは、二〇一一年一月のことである。カズオ・イシグロ。小説『わたしを離さないで』（原題「never let me go」）が映画化されたのを機に来日したのだ。彼の文学世界の深みを探る特集番組（ETV特集『カズオ・イシグロを探して』）のため、多忙を極めるスケジュールを二日間あけてもらうことができた。インタビュー嫌いで知られるイシグロだけに、またとない好機である。

面会場所は、東京半蔵門にあるイギリス大使館だ。黒いスーツに身を包んだイシグロは、私にむかって、やわらかい口調で初対面の挨拶をし、右手を差し出し、固く握ってくれた。眉間に刻まれた深い皺に神経質な印象は受けたものの、端正な顔立ちは穏やかで威圧感はなく、世界的文豪を前にしたにもかかわらず、私の緊張はほどけていった。

両親とも長崎出身で、イシグロ本人も長崎に生まれ、五歳まで暮らした。つまり、「九州男児」である。だから顔立ちは「日本人」なのだが、日本語をいっさい使わない。リスニングはある程度可能だが、喋ることはできず、すべて英語での会話となった。しっとりとした低い声で、さっそく語られたのは、五歳にして父の仕事で移り住んだイギリスでの記憶である。

「私は、いつか日本へ戻ると思っており『日本というもう一つの場所』についていつも考えていました。幼少時代を通じて、『私の日本』という私的なものを作り上げていったように思う。

日本から届く荷物に含まれていた日本語の本や私自身の日本の記憶、それらは私のうちに鮮明にとどめられていました。また両親から教わった日本での生活の話も大きかった」

しかし、海洋気象学者だった父鐵雄《てつお》は帰国することなく、イギリスで研究を続けた。イシグロ自身、英国教育にどっぷりとつかる中で、だんだんと日本のことを考えなくなっていったという。大学で哲学と英文学を専攻したイシグロが、意外なことに、当初目指していたのはミュージシャンだった。

「ボブ・ディランにあこがれていた。アメリカに魅かれ、日本文化には興味はなかった。サンフランシスコなど三カ月、アメリカをヒッチハイクして旅をしました。すでに学生運動は終わっていて穏やかな時期でしたが、私はアメリカのライフスタイルを踏襲したのです」

その時の写真を見せてくれたのだが、まるでヒッピーのように髪と髭をのばしたイシグロ青年にはびっくりさせられた。一九七〇年代半ばのことである。しかし、大学卒業後に音楽の道を断念、様々な仕事にたずさわるようになる。とりわけ社会福祉活動に熱を入れ、二十四歳でホームレスを支援する簡易宿泊施設で働くようになった。

「とてもきつい仕事だった。入居者の中には、統合失調症や薬物依存、アルコール依存症など深刻な問題を抱える人たちもいた。彼らによる暴力も頻繁に見受けられた。我々は、そのことに耐えなければならなかったのです。滞在期間は半年でしたが、多くを学びました。小説のヒントの多くもその体験から来たものなんです」

イシグロ作品に横たわるのは深い人間洞察だが、そのとば口はこのころに養われたのだろう。施設の経験を含む数年間の心理的葛藤が小説の道を切り開くことになる。とりわけイシグロが向き合ったのは、封印していた自身のルーツだった。

「私の作家人生は、日本と強く結びついていると思う。五年間ほど日本に強い関心を抱いた時期があり、とりわけ自分の内なる日本の記憶について強烈に意識しました」

イシグロが心中に抱いていた日本は、二十八歳の時に発表したデビュー作『遠い山なみの光』にさっそく結実する。ロンドンの郊外に暮らす主人公エツコは長崎出身で、彼女が自身の過去を振り返る形で物語は進行する。原爆の傷跡から復興に向かう長崎が描かれるのだが、それはイシグロが両親から教わった話と本人の中に残存した「内なる記憶」が混じり合ったものに違いないだろう。

カズオ・イシグロの名が一躍世界に轟くようになるのは、東西冷戦が終結した一九八九年のことである。長編三作目の『日の名残り』が英国文学の最高峰ブッカー賞に選ばれたのだ。主人公スティーブンスはイギリス貴族の館に長年つとめ続けている老執事である。彼は主人の死をきっかけに過ぎ去りし日々を追憶し、それらを美しいものとしてとどめようとする。この作品は世界各国語に翻訳され、スティーブンスをアンソニー・ホプキンスが演じた映画は大ヒットを記録した。

イシグロは、自身の作品に横たわる重要なキーポイントを教えてくれた。

「私のすべての作品において、誰かが過去を回想しているという感じがとても重要なのです」

登場人物各人が大事にする脳裏の「記憶」が、作品に丁寧に映し出され、物語に深みを与えるのだ。

イシグロは、『日の名残り』を世に出す前に、ひとつの大きな決断をしていた。英国籍を取得したのだ。慎重に言葉を選ぶようにして、イシグロは振り返る。

「ちょうどこの頃に、私はもはや日本で暮らすことができないと気づき始めていました。日本語を話せないし、慣習もわからないのだから。私はそろそろ決断しなくてはならなかったのです。私は自分自身に果たして日本人になれるのか？と問いかけ、それは無理だと知った。日本に帰国すると、いろんな意味でここがもはや外国ではなく、よく知る場所のようにも思う。しかし、あらゆる意味で滞在にあたり最も難しい国でもある。相手の言うことがすべて理解できそうに見えて、実際には理解することができないのも試練でした。だから、日本はあらゆる意味で、世界各国の中で最も訪問に窮する国なのです。私の中の感傷的な部分は、日本人であり続けたいと感じていました。イギリス人になる事は、ある種の裏切りではないかと思うこともあった。しかし両親と話して、彼らもまた、それを最善の選択と感じていたことを知った。

もうあとに戻ることができなかったのです」

初日のインタビューは、ここで終わった。二日目は、六本木にあるホテルの部屋で落ち合った。そこでイシグロが主に語ったのは、二〇〇五年に発表した第六作の『わたしを離さないで』についてだった。

イシグロ作品の中でもこの作品は異色だった。まるでSFのような設定なのだ。

舞台は、ロンドン郊外の寄宿学校ヘールシャム。そこに通う生徒たちはみなクローンで、長く生きることが許されない存在だった。成長すると臓器が移植に使われる「献体」なのだ。イシグロが『わたしを離さないで』の着想を深めたのは、イギリスでクローン羊が誕生した時のことだった。

カズオ・イシグロさん（右）と筆者（2011年1月）

「クローン人間という設定は有効でした。人間を人間たらしめる要素とは何か、クローン人間は人間なのかと読者は自らに問い始めるだろうから」
イシグロは加速する科学技術と生命倫理の進化を筋道に据えたのである。しかし、それがイシグロの本意ではなかった。イシグロが描こうとしていたのは根元の問いだった。

「単純に人生は短いゆえに尊いと言いたいわけではない。でも、人生がいかに短いかをひしひしと感じた時に、我々は何をとても大切に思うのかという問いかけをしたかったのです」

作品の主要人物たちは、自分の死期が迫ってくる中で、懸命に模索を続ける。とりわけ主人公のキャシーと幼馴染のトミーは、互いに愛し合うことで運命から逃れようとする。

「人生が短いと悟った時、より多くのお金を稼ぐことや権力を得ること、つまり駆けあがっていくことは重要性を失っていくかもしれない。この作品で私が表したかったのは、愛情や友情、そして赦しが人間を人間たらしめる重要な要素だということです。我々は、単なるエコノミックアニマルや権力に飢えた動物ではない。したがって作品は背景に悲しみが漂いつつも、むしろ人間性に対し肯定的な見方をしているのです」

この作品でもやはり大切な役割を果たすのは「記憶」だった。介護人という職を得て臓器提供から免れ、生きのびることができたキャシー。彼女の追憶が物語の全編を貫いているのだ。

「周囲の人々が若くしてこの世を去っていく中、キャシーにあるのは思い出だけです。大切なもの、振り返りたくない記憶もある。彼女が生まれたのは残酷な世界で、彼女は多くのものを奪われ、ほとんどすべてを失った。でも最後に彼女は言う。誰にも奪えないものは、この思い出よ、と」

せつなくも美しい『わたしを離さないで』の根底にあるメッセージをイシグロから直に聞くことができた経験は今も私の財産となっている。

二日にわたって来し方と文学にまつわる話を聞いているあいだ、最後まで変わらなかったのは、イシグロの両眼にたたえられた喜怒哀楽を超越した静かな光だった。イシグロは滞日中、記憶を呼び戻しながら「私の日本」を見つめ直そうとしていたのではないかと思う。

自身がそのまま暮らし続けたかもしれない原点。そこでの「誰も奪えない」思い出。その諦観を帯びたような目で、イシグロは稜線の向こうのわずかな光をたどろうとしていたように思えてならない。


イシグロに出会った二カ月後の三月一一日。東日本大震災が発生する。追い討ちをかけるようにその十日後、私の恩師がこの世を去った。莫大な数の命が失われた震災と師匠の死は、私の心に深い影を投げかけた。そんな時、イシグロがインタビューの終わりに語った言葉が思い出され、私を救った。

「記憶は、死に対する一時的な勝利なのだ」

死者は記憶によって、生者の中で新たな命を与えられる。以来、この言葉は私の金言となった。今も人の死と遭遇するたびに思い出し、噛みしめている。形あるものが、崩れ去っていっても残るもの。それが記憶なのだ。

イシグロと出会って五年後、私は奇遇にも彼の故郷長崎に転勤となった。わずか一年間だったが、イシグロと長崎の関係を思い抱き続けることができた。ノーベル文学賞の報を受けたのは、私が長崎を離れて一カ月後のことだった。

第2話

西村 勇夫

（長崎・浦上の潜伏キリシタン子孫、被爆者）

鎮魂の祈りをこめて

にしむら・いさお

1933年長崎生まれ。敬虔なカトリック信徒の家庭で育つ。山里国民学校6年生の時に被爆、「なんで神様は原爆を落としたのか」と絶望し信仰心を失ったが、1981年のローマ教皇ヨハネ・パウロ2世の長崎訪問に触れ、再び深い信仰を取り戻す。指し物職人の技を活かし、焼け残った浦上天主堂の被爆マリア像を修復、像を納める祭壇を作る。さらに被爆マリアの複製を彫り世界各地の教会に奉納している。被爆体験に基づく講話を20年以上続けてきた。

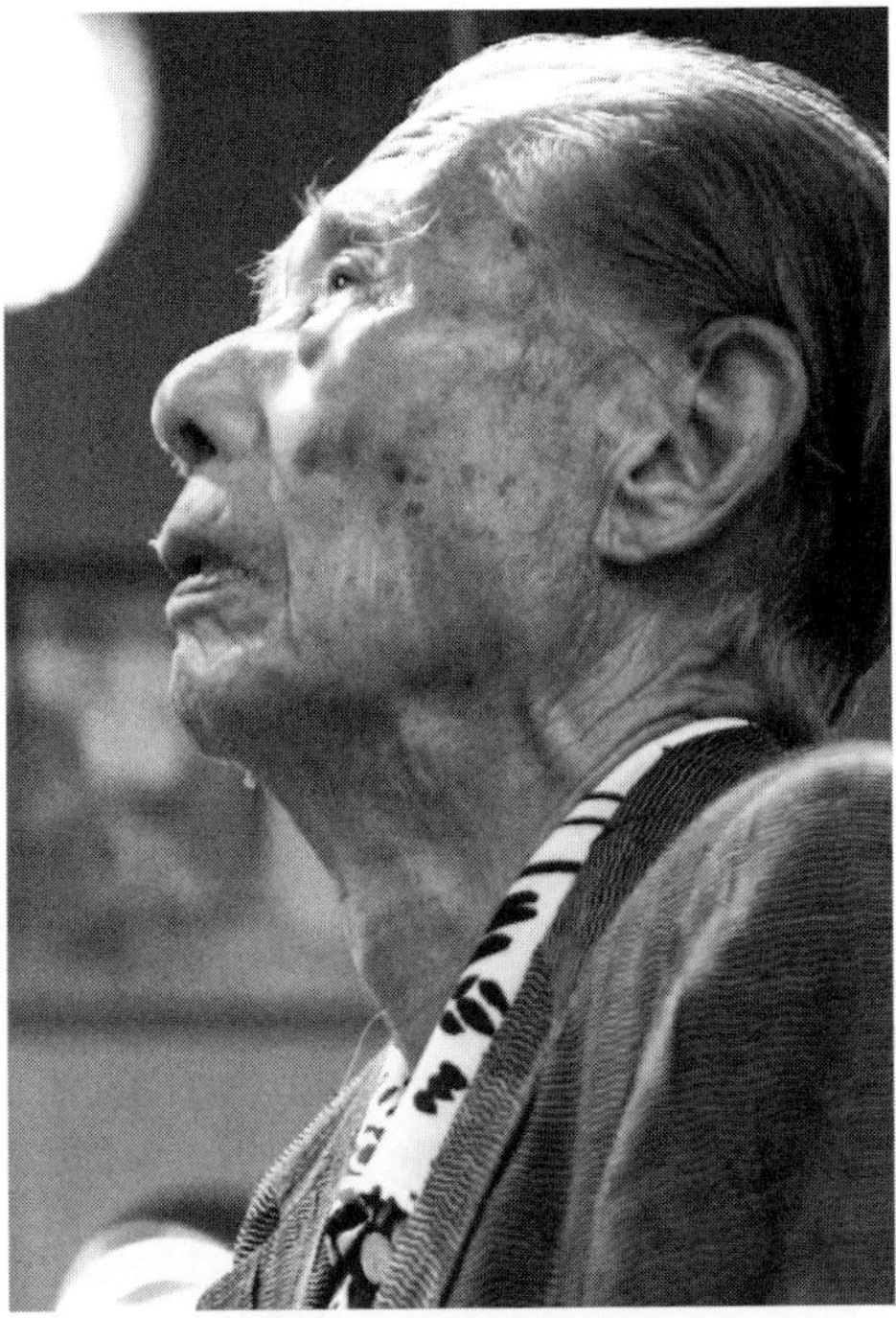

浦上天主堂で祈る被爆者西村勇夫さん

ぎょろっとした双眼の主は、小学校六年でその後の人生に負い続けることになる重い体験をした。一九四五年八月九日。西村勇夫さんは、長崎浦上にある自宅で原子爆弾の急襲を被ったのである。その時の心境をこう振り返る。

「なんでキリストは奇跡を起こさなかったのか。子ども心に嫌になってね。神も仏もあるかって。ステばちになったとね」

原爆が落とされたのは長崎ではない。浦上である——。私は、二〇一六年から一年間長崎に暮らしたのだが、しばしばそういうフレーズを耳にした。また、こんな言葉も聞いた。ふたつの長崎。いったいどういうことなのか、調べていくうちに行き着いたのは、浦上が背負った苦難とあまりにも重い歴史だった。

長崎市は現在の長崎駅あたりを基軸に小高い山に隔てられるようにふたつのエリアに大別される。港を中心とする南側が旧市街地、そして北側が浦上である。出島を中心にした旧市街は対外貿易や商業で発展したが、対照的に浦上は、古くから農業が主産業の寒村だった。

浦上が歴史に登場するのは、一六世紀の末のことである。キリスト教が伝来したこの頃、キリシタン大名大村純忠のもとで今の長崎市全域のほとんどの住民が信徒となった。仏寺は取り壊され、教会が建てられ、浦上地区に暮らす農民たちもキリシタンとなった。

しかし江戸時代になり、徳川幕府が厳しい禁教令を出したため、宣教師は追放され棄教が相次いだ。とりわけ「日本の小ローマ」と呼ばれイエズス会が拠点を置いた旧市街地では、すべての教会が取り壊され、徹底したキリシタン狩りが図られ、住民のほとんどが信仰を捨て去っていく。山裾に諏訪神社があらたに建立され、地域の氏神となり、くんちと呼ばれる祭りが境内で始まった。いったんは破壊された寺は再建され、仏教も再興する。

しかし浦上地区では住民の多くが信仰を捨てずに「潜伏キリシタン」となった。「崩れ」と呼ばれる幕府による幾度もの弾圧で数多《あまた》の命が奪われたものの、人々は権力の圧に屈することなく信仰を守り抜いた。先祖代々浦上に暮らす西村さんもその末裔《まつえい》で、敬虔なクリスチャンである。

明治になってキリスト禁教がとけ、信徒たちが三十年もの歳月をかけて建てたのが浦上天主堂だ。赤レンガ造りの壮麗な聖堂は東洋一ともいわれ、浦上信徒の信仰のシンボルとなる。しかし、皮肉にもアメリカ軍は、キリスト者の暮らす浦上上空に原爆を投下、爆心地からわずか五百メートルに位置する天主堂は原型を留めないまでに破壊された。およそ九千のカトリック信徒がこの年のうちに亡くなった。

原爆が投下された時、旧市街地は諏訪神社のある小高い丘によって爆風や閃光の直接被害をまぬかれ、被害はあったもののその多くが火事の延焼だった。旧市街に暮らしていた人々の間からこんな声があがったとされる。「お諏訪さまが私たちを守ってくれた」「浦上の人間たちは、邪教を信じてバチがあたったんだ」。戦時中に中止されていたくんちは、原爆投下の二カ月後、再開された。

長崎にかつてあった分断の歴史。その背景にあったものは何なのか。また戦後も続いた差別の実態はどのようなものだったのか。私は浦上を取材し、その地が背負った受難を番組にした。(ETV特集『原爆と沈黙～長崎浦上の受難～』二〇一七年八月放送)。

番組の軸となったのが西村勇夫さんだった。初めて対面したのは彼の自宅だったが、大柄で痩躯《そうく》の西村さんは、派手めのアロハシャツをまとい、大きな目の眼光は鋭く、声も野太くいかめしかった。語弊があるのを承知で敢えて言うと、任侠組織の親分のようであった。事務室で話を聞くことになったが、背後の写真パネルのあまりの巨大さに目を奪われた。

ローマ教皇のヨハネ・パウロ二世だった。ポーランド出身で戦争を体験し、生涯を通じて戦争の愚かさと平和への希求を訴え続けたことで知られる。彼こそ西村さんの運命を変えた人物なのだが、それは後述しよう。

西村さんがさっそく語ったのは、戦時中の自画像である。

「学校は軍事教育一色だった。キリスト教徒といえども国のために尽くすというのが果たすべき努めだった。一刻も早く軍隊に行って、軍人になって偉くなる。これが私の夢やったと」

一九四五年、西村さんが小学六年生になると、いよいよ長崎も空襲にさらされる危険がたかまっていた。

「学校は六月の初旬から閉校になったと。隠れて各々安全な場所で補習しなさいということになった」

運命の日、八月九日。西村少年は、自宅から一キロほど離れた浦上天主堂に向かった。

「ちょうどこの日は子どもたちがお祈りをしないといけない日だった。朝十時頃に天主堂に行ったら、すでに他の小学校の子どもたちが三十人ほど列をなしていてね。ありゃあー、と思ったね」

友人たちと川遊びに行く約束をしていたが、祈りの順番を待っていると遅くなってしまう。当時、最上級生で体格も大きく親分格だった西村さんは、自身がとった行動を、今も悔やんでいる。

「私はね、並んでいる子どもたちを横にのけて、列の前に入ったとです」

祈りを早く終えることができ、坂をのぼって自宅に戻った。途中の酒店に子どもたちが列をなしていたことを記憶している。

「あー、この日は酒の配給たいね。これはしまった、と。家に帰ったら必ず、母から酒をもらって来いと言われるに決まっている。そうすると、川遊びに行くのが遅くなるけん、嫌だな、と思ったとたんね」

西村さんの予測通り、家に帰ったとたんに母に酒店に行くように命じられる。不承不承、玄関を出かかったのだが、忘れ物が土間にあることに気づき、それを取りに戻ろうとした、その瞬間。まばゆい光が襲いかかり、体が浮いて吹き飛ばされた。

「土間に稲妻の青く光ったような閃光がピャーっときた。もうその瞬間に家の下敷きになっていた。それから音も何もわからない。一発の爆弾でこれだけやられるというのは想像もできん、私は、太陽がその時、非常に接近して燃えてしまったのかと、そんな状況になったとばいねえ」

午前十一時二分。浦上上空五百メートルで原子爆弾が爆発したのである。

弟を探し求める母の叫び声が聞こえる。やがて母の叫びは神への一心の祈りに変わっていった。

忘れ物を取りに戻らなかったら、助からなかっただろう。酒の配給に並んでいた子どもたち、そして浦上天主堂で祈っていた子どもたちは、全員帰らぬ人となった。同じ山里小学校に通う六年生二百五十一名のうち、およそ二百名が亡くなった。西村家では、三人の姉が亡くなった。西村さん本人も全身に大怪我を負った。

外を見渡すと、周囲の建物は軒並み倒れていて、本来、視界にあるはずのない浦上天主堂が見えた。子どもの頃から通いつめ、慣れ親しんだ聖堂は爆風により倒壊、変わり果てた姿になっていた。

「浦上天主堂、東洋一と言われた素晴らしい教会が無残にやられとる。神の家である天主堂が壊れてしまった。ああ、この世が終わったな、と思ったとね」

強い信仰心を持っていた西村さんだったが、冒頭に記したような疑念が心に湧きあがっていた。

「これからは、日曜日にミサには絶対行かん。なんで俺ばっかりこんな信仰して何になるのか。そんな教会には行かん。絶対に行かん、やけのやんぱち、やけくそになった。だからもうカトリックに戻るということをしなかった。学校では喧嘩ばかりに明け暮れて、グレた。高校にも行けんかった」

神の不在を思った西村さんは、キリストの教えから目を背けた。この頃、浦上のカトリック信徒を代表してある人物がこんな発言をしていた。

「終戦と浦上潰滅との間に深い関係はありはしないか。世界大戦争という人類の罪悪の償いとして、日本唯一の聖地浦上が犠牲の祭壇に屠られ燃やされるべき潔き羔《こひつじ》として選ばれたのではないでしょうか？」

『長崎の鐘』『この子を残して』などの著書で知られる医学博士永井隆。本人も被爆していた永井は、キリスト教の聖地浦上が自ら犠牲になることで、多くの人々が救われたと説いたのである。「燔祭説《はんさい》」とも呼ばれる永井の言葉で多くのカトリック信徒が被爆を「神による試練」

ととらえ、体験を封印したと言われている。永井の言葉を人づてに聞いた西村さんも、周囲に自身のことを語るのをやめたという。それでも西村さんが被爆者だと見抜いた旧市街の人々からは心ない言葉を浴びせかけられた。

「浦上のピカドンと言われよった。ピカドンが流行り言葉になりよった。そんな目で見られたと、『お前ピカドンだな』と言われると、若い頃はほんとショックだったなぁ。こげんことを言われたら腹が立って、『この野郎、ピカドンってなんか』と喧嘩したこともあるよ。そんな時代があったったい。差別があったと」

中学を卒業して、ようやく見つけた大工の職場では自分の出生地を隠したという。

「嘘ばかりついていた。受けとらんもん、って隠し通した。そうやって必死にその時代を乗り越えてきた。それにね、被爆者は体が弱いとされていた。だから体力勝負の仕事で、それがばれてしまうとクビになってしまう」

封印した被爆体験。やがて教会にふたたび通うように

浦上の墓で祈る西村勇夫さん

なったが、以前のように真剣な気持ちになれなかった。しかし、教会で生涯の伴侶となる都さんと出会うこともできた。彼女も被爆者だった。

西村さんの心に大きな変化が起きたのは、それから三十年後のことだ。一九八一年にローマ教皇ヨハネ・パウロ二世が広島と長崎を歴訪、広島の平和公園で教皇は日本語でこう語った。

「戦争は人間のしわざです。戦争は生命の破壊です。戦争は死です」

これを知った西村さんの中で何かが大きく揺れ動いたという。

「そうか、戦争は人間のしわざたいね。なるほどね、と。原爆も神様が落としたわけではなかとたい」

背負っていた荷物が軽くなった気がしたという。ふたたび信仰心を取り戻した西村さんは、それまでの封印を解き、子どもたちを相手に原爆体験を積極的に語るようになった。

さらに、手先が器用な西村さんが取り組んだのが浦上天主堂にある「被爆マリア」を模写した彫刻作りだ。以来、レプリカを持って世界各地をめぐり、平和を訴えている。二〇一七年には世界史上初めての無差別爆撃を受けたスペインのゲルニカの教会から依頼を受け、被爆マリアを彫りあげた。ゲルニカ空爆から八十年の節目に、西村さん本人が現地に赴き聖堂に納めた。

自身の戦争体験を考え続け、正面から向き合ってきた西村さん。浦上の工房でマリア像を黙々と彫っているのを見ているうちに、こちらが厳かな気持ちになっていた。亡くなった姉たちへの憐憫《れんびん》、僅かな運命の差で命を落とした小学生たちへの贖罪。すべての原爆犠牲者への祈り。ノミを動かしながらも、西村さんは、レクイエムを唱っているのだと感じた。当初、畏怖の対象だった人を射るようなギョロッとした双眼は、取材の終わりには人間の根本を深く見据えようとしているまなざしにしか見えなくなっていた。

第3話

西部 邁

（“保守の論客” といわれた思想家）

老酔狂の意志と矜持

にしべ・すすむ
1939年－2018年1月。東京大学大学院経済学研究科修士課程修了。東京大学教養学部教授、秀明大学教授・学頭など歴任。旺盛な執筆活動を展開した保守派の評論家。「朝まで生テレビ！」に出演、雑誌「表現者」の顧問も務めた。著書に『経済倫理学序説』（中公文庫・吉野作造賞受賞）、『生まじめな戯れ 価値相対主義との闘い』（ちくま文庫、サントリー学芸賞受賞）、『サンチョ・キホーテの旅』（新潮社、芸術選奨文部科学大臣賞受賞）など。

在りし日の西部邁さん（写真提供：共同通信社）

その人は、バブル絶頂の頃、テレビで輝いていた。舌鋒鋭く、相手を喝破する。深夜番組「朝まで生テレビ！」での気炎をご記憶の方も多いであろう。

思想家西部邁さん。二〇一八年一月、七八歳で逝去した。多摩川に身投げしての壮絶な最期だった。「保守の論客」と呼ばれ、近年は在京の民放で冠番組を持ち、雑誌などでも積極的に発言し、新著を上梓するなど、バイタリティーあふれる活躍をしていた中の突然の訃報。ただただショックで残念で仕方なかった。

私が、西部さんにふれるようになったのは、さほど古いことではない。二〇一四年の夏、世田谷成城の自宅で対面したのが最初の出会いだった。当時私は、戦後日本の言論を背負った思想家・吉本隆明に関する番組（戦後史証言　日本人は何をめざしてきたのか『自らの言葉で立つ吉本隆明』Eテレ二〇一五年一月放送）を手がけていた。吉本の終生を貫いた大きなテーマは「大衆」。彼は独自の思考で大衆をポジティブにとらえていた。それに対して、西部さんは『大衆の反逆』を著したスペインの思想家オルテガと立場を同じくし、大衆の中に潜む危うさを突き詰めようとしていた。そんなふたりが七十年代に大衆を巡って激論を交わしていた。当時のことを聞きたいと思い、連絡をとったのである。

恐ろしい人で、近寄りがたく思いこんでいた。実は、この数年前から、新宿のバーでその姿を数度にわたって見かけていた。おそらく出版社の編集者だと思うのだが、いつも西部さんは、数人に囲まれていた。そして大概、何らかの非常事態が勃発し、周囲は罵倒されていた。その剣幕とピリリとした空気はいやおうなしにこちらをも震撼させた。そんな人が前にいるのだから、私は緊張モードだったのだ。

しかし、そんな心配は杞憂だった。初めて間近で接した西部さんは、上機嫌で話がしやすかった。それでいて、話の内容は決して明るいものではなかった。

開口一番に語られたのは、日本人への絶望だった。とりわけこの十年来の選挙行動に反映される節操のなさを嘆いた。

「まったく信じられない。昨日まで自民党を支持していた人が、一夜あけると、民主党支持にまわる。そして、またまた自民党支持になる。マス（大衆）とはこのようなもの」

西部さんを覆っている「マス」への絶望。それは自身の過去の体験も含んだ考え方でもあった。経済学を学ぶため北海道から上京した時は、六十年安保闘争の真っ只中。西部さんは、東京大学教養学部で安保改正反対闘争の旗手として学生を統率する。しかし、安保闘争が収束し、所得倍増計画が推進され、人々が雪崩を打つように消費行動に身を任せるようになると、西部さんは、自身が捧げた運動へ懐疑を抱くようになる。戦後、日本人は民主主義を無反省に取り入れ、その本質を理解せぬまま「ヒューマニズムを錯誤」し続けてきたと感じ、安保闘争も集団的に熱した空論ととらえ始めたのだ。「現実的な根拠のない理想は空想にすぎない。必要なのは正義と思慮のあいだの、状況に応じたバランス」と考え、「不易な公徳心」を論じることの重要性に思い至ったという。こうして「保守の論客西部邁」が誕生した。アメリカ留学をへて、東大で教鞭を執りながら、経済学を主体に社会と思想を論じるようになる。

吉本との対話は、西部さんが新進気鋭の学者として耳目を集めていた時に実現したのだった。ひっきりなしに「取材なんてどうでもいいから、飲みに行こう」と言いながらも、西部さんは、吉本が大衆を評価する時に使った「大衆の原像」というキーワードを用いながら、大衆論について語ってくれた。

「吉本さんの場合の『大衆』というのは、具体的には僕は何も感じられなかった。現代のピープルは教育と所得を手に入れている。そしてみんなが集まっているから巨大な山をなしているようだけれども、大嵐が吹けば、一晩で姿を変える。簡単に言うと、世論は三年たつと砂山が姿を変えるように変わっていく。すると吉本さんの『マスの原像』などというものは批判されるべきものであり、反省的に振り返られるべきものだというのが正鵠《せいこく》を射ている」

一貫してリベラル派に厳しいスタンスを取り続けてきた西部さんだが、「保守化」が強まるこの十数年の状況を単純に擁護していたわけではない。マスの考察から、西部さんが強く鳴らし続けてきたのは、現代日本そのものへの警鐘である。グローバル化が進む中で「おのれの正体」を熟考することなく「アメリカに従属」し、「ハイテクの登場」に身をまかせる日本の「無数の群衆」への違和感を執筆活動とメディアを通じて訴え続けてきた。

西部さんはタバコに火をつけると、「まったくこの世の中が嫌になったよ」と笑った。さらに、「生きていても仕方ない」とおどけたように言うのだが、その屈託のない笑みの向こうに寂しい光があったのが引っかかった。長年連れそった伴侶を八年もの看病の末に亡くしたばかりというのも厭世観の背景にあったようだ。身の回りの世話は、娘の智子さんが甲斐甲斐しくしていた。

取材のさなか、西部さんのマンションの横では、高校生たちが放課後の部活に精を出していた。若々しい歓声を聞きながら、西部さんは、こう言った。「このような声を聞いているとね、本当に死にたくなるんだ」。聞き間違いかとも思ったが、返答する言葉は見つからなかった。

両手に白い手袋をしていたが、頸椎《けいつい》磨滅と腱鞘炎の合併症で右腕が神経痛になり、その保護のためだという。痛めた右手は利き腕なので、文章を書くのもままならない。それ以外にも体調は万全でないようだった。「こうして君たちがいるうちはいい。でも帰るとどう思う?」。言葉に窮していると、「寂しい」と呟いた。

自宅近所の居酒屋でも西部さんは相変らず饒舌だったが、手袋を何度も言い訳することから、自身の病気を相当に悩んでいることがわかった。そして、勢いよく酒を飲みながら、切れ目なくタバコを吸うのが気になった。西部さんが自棄に走っているように思えてならなかった。

以来、私は西部さんと幾度となく飲食を共にするようになった。歌が好きで、懐メロを口ずさむのを習いとしていた。双眼は、人を射るような光を放ったかと思うと、底抜けにお茶目な色に変わる。その奥深い笑顔に惹かれた。

アメリカが主導した日本国憲法は悪しき立憲主義だと言い、報復措置のための核武装はやむを得ないとし、徴兵制の導入は検討すべきと唱える西部さん。振り返ると、それらはいずれも「現実的な根拠のない理想」からは何も生まれないという考えに基づいたものとは気づかされるが、首肯できない部分は多い。私自身が西部さんが強く批判する「理想」と「ヒューマニズム」に搦めとられているマスのひとりなのだろう。しかし、西部さんは、

西部邁さん（右）、坂田明さん（左）と著者

そんな立場の違いなど全くお構いなく、様々な話をしてくれた。アメリカ留学時代のこと、東大当局と意見が対立して教授を辞職したこと、歌舞伎町でヤクザ相手にやりあった武勇伝などが思い出される。ある店では、サックス奏者の坂田明さんと一緒になり痛飲したこともあった。西部さんと坂田さん、異業種レジェンドに挟まれた一夜は夢のようにいかしていた。

大きな異変に直面したのは、死の一年ほど前のことだ。この日、新宿二丁目の行きつけの店で会ったのだが、西部さんは右腕だけでなく左手も不自由になっており、もはや飲食をするのも大儀な状況だった。見かねてサポートしようとすると、「犬だと思ってほっておいてくれ」とこちらの動きを制した。

さらに、こんなことを口にした。「てめえのことは、てめえで始末しないといけない」、「生きていたってしょうがないな」、「爆弾で死にたい」、「おい、爆弾を用意してくれ」。

西部さん一流の冗談だと思った。しかし、西部さんが当時こんなことを記述していたのをあとになって知る。「自死用の不法な武器調達はおおむね合徳に当たると考え、そして自分は合徳で生きようと構えてきたのである」。最後の著作となった『保守の真髄』の断章である。

西部さんは同著に当たって、もはや自身で筆を動かすことは叶わず、娘の智子さんに口述筆記を依頼し、日本の思想史を振り返りつつ、現代日本が辿りついた状況を考察していた。副題に「老酔狂で語る文明の紊乱」と自嘲めいた渾身の作の内実は、マスへの絶望と徹底した現代日本批判だった。民主主義が制度としての欠陥をさらしており、現代人の精神そのものを陥没させていると嘆き、「現代文明に寄り添う無数の群衆」の行動を「紊乱《びんらん》」と位置づけ、その違和感をまとめあげた。なぜ、日本人は自らの思考に立脚できないのか。歴史的に紡がれてきた日本人の矜持はどこにいったのか。全編に響き渡っているのは、西部さんの悲痛の叫びだった。

二〇一七年の年末に、いつも西部さんが参加している映画雑誌の忘年会に赴いた。姿が見えないことを寂しく思い、次の瞬間にはザワザワとした不安が募っていた。それから三週間あまりでの訃報だった。

死の直前、病は深刻なものに嵩《こう》じていたという。しかし、己の末路を他人に命令されたり弄り回されたくないというのが持論で、病院死を極端に遠ざけようとしていたようだ。看病で周囲に迷惑をかけたくないという思いもあったという。『保守の真髄』には、さりげなくこんな描写もあった。「生への報賞も制裁も究極には自分で決めるしかない」。あまりにも壮絶な最期だった。

あらためて強い意志と信念と矜持の持ち主だったと思う。私は、谷川俊太郎の「さようなら」という詩に西部さんの考え方が凝縮しているような気がしてならない。

…

もう私は私に未練がないから
迷わずに私を忘れて
泥に溶けよう空に消えよう
言葉なき者たちの仲間になろう

言葉なき者たちに囲まれて、あの饒舌は、鳴りを潜めているかもしれない。しかし、私は、迷わずに西部さんを忘れず、記憶の中にあのチャーミングな声を響かせていくだろう。

第4話

谷口 稜曄

（被爆体験を世界で語り伝える）

赤い背中の悲しみ

谷口稜曄さん（写真提供：共同通信社）

たにぐち・すみてる 1929年－2017年8月。長崎の原爆で背中一面に大やけどを負ったが、3年7カ月の入院を経て生還。非核・平和、被爆者運動に尽力し、2006年から長崎原爆被災者協議会会長、2010年から日本被団協代表委員を務める。米国、欧州など国内外で講演し、原爆の熱線で焼けただれた「赤い背中」の写真とともに被爆体験を語り続けた。参考文献に『谷口稜曄聞き書き 原爆を背負って』（久知邦、西日本新聞社）などその人は、怒っていた。

「もう同じことをね、繰り返し話すのも疲れます」

それは、七十年以上、地を這うようにして訴えてきたメッセージが若い世代に伝わっていないことへの悲痛な叫びだった。


私が三年ほど前に長崎で手がけた作品が、ドキュメンタリードラマ『あんとき、』である。これまでドラマなどまったく作ったことはなかったのだが、テーマの中心に原爆を据えて悪戦苦闘して脚本を書いた。私が主人公として造型したのは、被爆二世のミュージシャンである。彼は被爆者の父を受け入れることができず長崎を出て上京、自身が被爆者の子どもであることを隠しながら生きてきた。しかし、東日本大震災と福島第一原発の事故を機に故郷に舞い戻る。すでに父はこの世におらず、もはや直接被爆体験、戦争への思いを問い直すことができなくなっていた。それでも長崎で様々な出会いを経て、父が体験した歴史に向き合う決意をかため、原爆そのものを見つめ直していくというストーリーである。

番組は、基本的には脚本に基づいたドラマだが、主人公トシが存命の被爆者に体験を聞く部分に関してはノンフィクションのドキュメンタリーとした。

二〇一七年三月某日。この日、トシが話を聞くことになったのが、長崎を代表する被爆者だった。

谷口稜曄《すみてる》さんである。十六歳の時、爆心地から一・八キロの場所を自転車で郵便配達をしていた最中に原爆に襲われた。背中と左腕に大火傷を負い、生と死の狭間をさまよったが、生き抜いた。戦後、谷口さんは、自ら国連に赴き、反核の思いを世界にアピールするなど積極的な活動を続けていた。

谷口さんの半生は、自伝を含め何冊かの本になっており、映画化もされ、テレビでもNHKスペシャルで特集されるなど広く知られるところだが、私はトシ役の俳優小木戸利光さんに事前に谷口さんに関してあまり調査せず、素で接してほしいとお願いをしていた。実際の本人に会った時に、リアルな体験談を引き出して貰いたいと思ったからである。普段は綿密な事前下調べを重ね対象に迫っていく小木戸さんだったが、私の言葉に従い、まっさらな状態でこの日を迎えた。

平和祈念公園の横にある長崎原爆被災者協議会の事務所を訪ねると、いつものようにきっちりとしたスーツ姿で谷口さんは私たちを迎え入れてくれた。

この日、谷口さんは体調が優れず、微熱があるという。それでも無理してこちらのインタビューに応じてくれることになった。しばらくの間、穏やかな表情で被爆団体の取り組みについて語っていた谷口さんに、話題の切れ目のタイミングで、小木戸さんはこう質問した。

「八月九日の被爆体験を具体的に教えてください」

谷口さんの表情が変わるのが傍目でもわかった。それでも谷口さんは、運命の朝について語り始めた。

「いつものように午前九時に配達に出ました。西浦上郵便局の手前あたりで自転車がパンクしてしまいます。修理を終えて、郵便局をあとにする時、時計を見ると十一時ちょうどでした。外に出て百メートルほど自転車で走ると、背後から飛行機の爆音が聞こえてきました」

「それでね、原爆に襲われたのです」

そこまで語ると谷口さんは大きく息をついた。

短い沈黙をはさみ、小木戸さんが、「背中に大火傷を負ったのですね」と聞いたところ、谷口さんの表情が急変し、苦虫を噛み潰したようになり、冒頭の発言が口から飛び出した。さらに谷口さんは、顔を苦しそうに歪めながらこう続けた。

「(私について)何にも見てきていないいんですか。書いたもの、NHKにも出ましたけどね。そういうものを見てなかったんですか？」

「八十八にもなって、今までもう何十回、何百回、同じことを繰り返し話してきましたけどね、結局、疲れてしまいますよね」

数十年にわたって被爆体験を真摯に語り、核廃絶を必死に訴えてきた谷口さんを前に、私たちはあまりにも不用意だった。軽んじたつもりはまったくなかったが、結果的には本人を傷つけてしまった。これ以上、谷口さんにインタビューを続けることはあり得なかった。私たちは、勉強不足を深く詫びて、辞去した。

外に出て、気まずい空気が流れていたことは否めない。今後、谷口さんに話を聞くのは無理にも思えたが、このまま引き下がっていいのかという思いも交錯した。スタッフ間で協議した結果、まずは谷口さんについてきちんと勉強し直そうという向きになった。

その日から、小木戸さんは、谷口さんに関してあらゆる本を読み込んだ。知ったつもりになっていた私自身も、自伝や番組であらためて谷口さんの被爆体験の重さを学び直した。

瞑目すると、少年の不条理な体験と苦しみが浮かびあがってくる。

その瞬間。目の眩むような閃光、左後方から激しい衝撃がドンと襲いかかり、谷口少年は自転車ごと数メートル吹き飛ばされた。地震のようにごうごうと揺れる地面に、必死にへばりついた。顔をあげると、いつも挨拶を交わしていた子どもふたりが埃のように飛ばされている。直径三十センチほどの石が飛来して腰を直撃する。

二分ほど経過して立ちあがったところ、周囲の光景は変わり果てていた。愛用していた配達用自転車は、車体も車輪もぐにゃぐにゃになっていた。背中におそるおそる手を当てると、衣服はなく黒いものが手に付着した。左腕の皮膚は、地に到達するほどに垂れ下がっていた。

谷口少年が咄嗟に避難場所として思いついたのが、住吉トンネル兵器工場である。しかし、どうにかそこにたどりついたものの、満足な手当など望むべくもなかった。救護所で治療を受けることができたのは、数日たってのことである。その時、少年はあらためて自分の負った傷の悲惨に気づかされた。背中と左腕全体が焼かれ、右腕は肘から上、左足は太腿の外側と踵、そして尻の一部が火傷をしていた。尻から背中にかけては皮膚が腐りかけていた。まさに満身創痍だった。

よく知られている映像がある。入院中の谷口さんの姿をとらえたカラーフィルムだ。アメリカ戦略爆撃調査団が撮影したものだが、背中一面は皮だけでなく肉まで抉られ真紅にただれてしまっており、坊主頭の少年は治療を受けながら激しい呼吸を繰り返している。あまりにも生々しく、痛々しく、直視に耐えないものだった。テレビ番組で谷口さんはこう語っている。

「シーツが真っ赤になるほど出血して悲鳴をあげた。痛かったね」、「焼き鏝《ごて》をあてられるような感じだった」、「殺してくれ、殺してくれって叫び続けましたね。私が命を取りとめると思っている人はひとりもいませんでしたね」。

その後、谷口さんは実に三年七カ月もの寝たきりの入院生活を余儀なくされる。退院したものの、背中には消えることのない深い傷が刻印された。それだけの傷を負いながらも郵便局の仕事を続け、定年間際まで勤めあげた。

並行して平和活動を積極的に展開、長崎の支柱として世界的に名を知られるようになった。その間、プライベートでは何度も縁談を反故にされ、結婚を誓った相手が見つかるも周囲の反対にあい、絶望のどん底に陥り自殺未遂をするなど辛酸を味わっていた。谷口さんのことをあらためて調べて、彼の背負った荷の余りもの重さに私は打ちのめされていた。

最初の撮影から二週間後の日曜日、私は谷口さんが長崎の中心部のアーケードで署名活動をしていることを知り、その場に赴いた。前回の不勉強ぶりを詫び、学び直したことを告げたところ、谷口さんは、「明日夕方に自宅に来てください」と言ってくれた。

翌夕、小木戸さんと私たちは、稲佐山の麓にある谷口邸を訪問した。玄関口に娘さんが出て来て、谷口さんは入浴

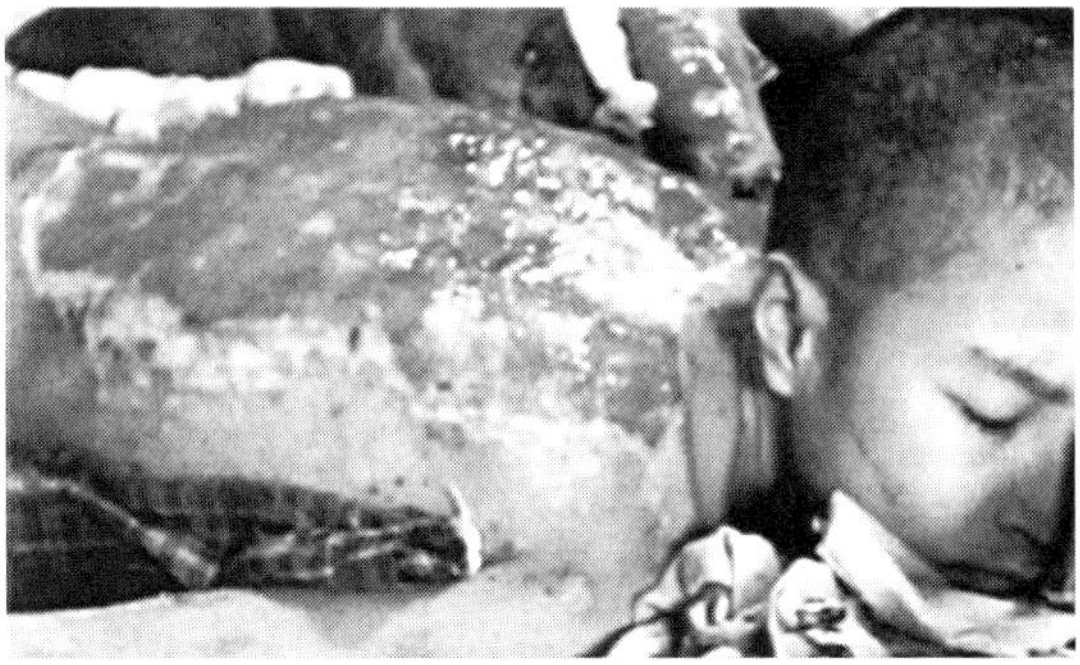

被爆により大火傷を負った谷口稜曄さんを撮影した報道写真
（1946 年 1 月撮影）

中だと言いながら部屋に通してくれた。やがて風呂を浴び終えた谷口さんは、パンツ一丁で自らの裸体を私たちに晒しながら、リビングに入ってきた。そこで、娘さんに薬を塗ってもらうのである。

ハッとさせられた。背中全面にわたって肉が深く抉れ、そこの上に張り付くようなケロイドが覆っていたのだ。

私は谷口さんが夕方来るように言った理由がはっきりとわかった。これが「十一時二分」の意味だったのだ。背中のケロイドはいつ裂けるか危うい状態で、今でも体重を五十キロ以下に維持しないといけない。そのため食事には細心の注意を払い、酒は飲まない。最先端の医療でも処置はなく、背中は、一日の間だけでもズキズキしたり、棘が刺さったようになったりと痛みが複雑に変化する。乾燥状態になることも多い。痛みのため仰向けに寝ることはできない。

「今でもね、傷口からは焼けたような匂いがするんです」

着衣した谷口さんは、妻の遺影が飾られている居間に私たちを誘った。ちょうど夕方のニュース番組が始まり、日本が国連の核兵器禁止条約に署名しない方針だということが報じられていた。谷口さんは、大きくため息をつくと、私たちに向き直り、ゆっくりとひとつひとつ言葉を選ぶように語り始めた。

「過去を絶対、忘れてはいけないんです」

「被爆者が亡くなってしまえばね、それで終わりじゃないんですよね」

谷口さんの両眼は、前回の怒りの目ではなく、深い湖のような悲しみを湛えていた。

「だからね」

そう言って、一息ついて谷口さんは続けた。

「私は生きてきたんではなくて、生かされてきたんです」

「みんなのために最後まで頑張らなきゃいけないと思っています」

そのすべてを記憶に刻まないといけない、重いメッセージだった。

谷口さんは、この取材の直後、病床につき、五カ月後、この世を去った。『あんとき、』がメディアに出る最後の場となってしまった。

ラストメッセージを受け取った私たちは、その重さとこれからも向き合い続けないといけない。あの悲しみに満ちた湖の水を枯渇させないためにも。バトンを次に繋いでいくためにも。

第5話

後藤 文雄

（カンボジア難民に尽くす型破り神父）

父なるまなざし

ごとう・ふみお 1929年、新潟県長岡の浄土真宗の寺に生まれる。南山大学哲学科卒業。1960年に司祭として叙階を受け、カトリック南山教会、吉祥寺教会主任司祭などを歴任。2003年「AMATAK（アマタック）カンボジアと共に生きる会」を設立し、2016年6月に解散するまで代表を務める。2006年、第10回米百俵賞。2007年、第19回毎日国際交流賞。著書に『よし！学校をつくろう 神父ゴッちゃんの履歴書』（講談社）ほか。

後藤文雄神父（© 一般社団法人ファザーアンドチルドレン）

笑顔にふれると、こちらが幸福のおすそわけをもらった気持ちになる人がいる。ゴッちゃんは、そんな人である。

本名・後藤文雄。御歳九十。現役のカトリック神父だ。

私が彼と出会ったのは、七年ほど前のことである。娘が通っていたミッションスクールの父親向け合宿勉強会に講師役として来たのだが、初対面でその破天荒ぶりに仰天させられた。講座では「隣人を愛するのはたいへんだ」と語り、懇親会では辺りに響く大きな声で笑いながら大酒を飲む。そして、神父というのに楽しそうに女性の話をするのだから。私はその豪胆さとチャーミングな笑顔に心を鷲づかみされていた。

酔った勢いで後藤神父の来し方を問うた。冗談交じりに語るのだが、戦争が大きな影を落とす波乱万丈の青春期を送り、神父になってからはカンボジア難民に半生を捧げてきたのだと知る。その重みに酔いが醒めてしまったが、そんな雰囲気に気づいてか、後藤神父は「ささ、飲みましょう」と言ってなみなみとグラスに酒をつぐのだった。

話の端々から、彼が権力への徹底した懐疑心と嫌悪を抱いていることが伝わってきた。その矢は本人にも向けられており、格式張ったことを敬遠し、「神父様」と崇められることを極端に嫌っていた。そんなことから、周囲からは親しみを込め「ゴッちゃん」と呼ばれていた。

気づくと時計の針は真夜中を回ろうとしていた。さきほどまで周囲にいた父親たちは、誰もいなくなっていた。「おっと今夜も飲み過ぎた」。ゴッちゃんは笑いながら、「そろそろ寝ますかね」と何事もなかったように立ちあがった。私はカトリック信者である。幼い頃から教会のミサに通ってきた私にとって、神父は厳かで近寄りがたかったが、ゴッちゃんは真逆の存在だった。私は当時、個人的に深い悩みを抱えていたのだが、彼の懐深いオーラに心の痛みがやわらいでいた。以後ゴッちゃんのもとを私はしばしば訪ねるようになった。

毎年二回、必ずカンボジアに赴き活動をしている。二〇一四年には、一緒にカンボジアにも行った。後述するが、そこでゴッちゃんの積年の活動の深みを知った。困っているひとたちのために走り回る姿に強く打たれた。

帰国後、私の中に、こんな思いが募っていった。

ゴッちゃんという存在を後世に残る映像にしたい。

ある時、飲み会の席で私は「今度、ゴッちゃんの人生をたどる旅を一緒にしてくれませんか」と問いかけた。すると、ゴッちゃんは大きく頷いた。「いいですなあ、一緒に行きましょう」。カメラで撮影してもいいかと問うと、「出演料は高いですよ」と言いながら、ウィンクをした。こうして、戦後七十年の節目の二〇一五年夏、私はゴッちゃんと長い旅に出ることになった。

まず訪ねたのは原点だ。ゴッちゃんは世界恐慌と時を同じくした一九二九年、新潟県の長岡に生まれた。満州事変の二年前、まさに日本が戦争に傾斜していく時代である。

東京から車を三時間ほど走らせ長岡に到着すると、さっそく向かったのが、ゴッちゃんの生家である。

明善寺という浄土真宗の寺だった。なんと神父は、僧侶の息子だったのだ。幼い頃から「習わぬ経」を読んでいたゴッちゃんは、将来は僧侶になると信じて疑っていなかったという。今も経の一節を諳《そら》んじることなど朝飯前のことだ。失礼と思いながら、「何かお経を覚えていますか」と問うと、間をあけずに
「帰命無量寿如来南無不可思議光法蔵菩薩因位時在世自在王仏所。十八歳まで仏教徒だったから、骨の髄に残っているんですね」

ゴッちゃんは屈託なく笑いながら言う。

「よく他の神父から、お前のキリスト教は阿弥陀のキリスト教だと言われます。最期のお迎えが来る時に、僕が恐れているのは、キリストへの祈りではなく南無阿弥陀仏を唱えてしまうことなんです」

兄弟は男四人、女三人(姉二人は早逝)。父は厳しく、それでいてまだ幼い弟妹には優しかった。同居していた祖母は兄を依怙贔屓《えこひいき》した。ゴッちゃんが誰よりも心を寄せたのは、母チヨさん

だった。

「母からは自分が一番愛されていると思ったですね。僕も母のことを好きで、心の支えになっていました」

そんなゴッちゃんの進路を根底から変えたのは太平洋戦争だった。

学校では、徹底した軍国教育が実施されていた。「みんな天皇陛下の大事な子ども」と教わり、いつか兵隊になり、たくさん敵を殺し、お国のために死んでいったら偉い神様になれる、と刷りこまれた。

「鬼畜米英というスローガンは僕のスローガンでした。近所の橋には、米英の旗が描かれていたのですが、それを毎日、エイエイと言って踏んで歩いていました」

「お国のために、命を捨てるのは名誉なこと」と信じ、根っからの「軍国少年」となっていった。

「命を捧げることの意味もわからぬくせに、それが自分をものすごく掻きたてるんですね。どうしてあんなに人間というのは洗脳されるんでしょうか。その意味で教育は、とても怖いですね。殺し合いの経験はなかったけど、でもやっぱり心の中で敵を殺しましたね。それがいわば愛国教育ですかね」

開戦から二年後、戦局が悪化する中、学徒勤労令が公布され、旧制長岡中学校に通っていたゴッちゃんは学業を中断し、近隣の軍需工場で軍用機のプロペラを研磨する仕事に明け暮れた。加えて警察署で巡査の補佐もしていたというからたいへん多忙な戦争下の日々だった。

そして迎えた運命の日。日本の敗戦まであと二週間の一九四五年八月一日。その日の晩、夕飯を家族と供にしたゴッちゃんだったが、夜九時過ぎに空襲警報が発令された。空襲のたびに警察の手伝いをすることになっていたため、ゴッちゃんはそのまま署へと急行した。夜十時半、米軍の爆撃機B29が百二十五機の編隊で長岡に来襲、実に一時間四十分にわたって焼夷弾を執拗に浴びせかけた。

ザー、ザー、ドカーン、ドカーン、ヒュー、ドカーン！　警察横の防空壕に逃れたが、大地震のような衝撃が全身を震わせた。死の恐怖に怯えながらも、ゴッちゃんは一命をとりとめた。

「自宅のまわりは火の海でした。アスファルトも溶けてしまって道も歩けない。仕方がなく家の反対方向に逃げました」

長岡の市街地の八割は焼失し、およそ千五百人の命が奪いとられた。その中には……ゴッちゃんの愛する人々も含まれていた。

私たちは、二〇一五年八月一日、空襲からちょうど七十年目の朝方にゴッちゃんと長岡中心部にある柿川を訪ねた。川岸に設えられた階段状のコンクリートに座ったゴッちゃんは、流れをじっと見つめ、やがて瞑目し、ぼそっと呟くように語った。

「あそこのへんですね」

指差した先は、対岸の植物が茂った溜まりだった。空襲が終わり、家に帰ったゴッちゃんだったが、母チヨさんの姿はなかった。四方を探したあげく、明け方にゴッちゃんが見つけたのは最愛の人の変わり果てた姿だった。

「母が泥の中に漬かっているのを見つけたんですけど、あれが十五歳の少年のそれ以後七十年続く巡礼の出発点でしたね。上に引きあげる際に母の両腕を持つと、まるで手袋が脱げるみたいに焼けただれた皮膚がぬるっとはがれました。その屍体を米俵にくるんで運ばなくてはいけないのですが、辛い作業でした。自分の親が腐っていく臭いを嗅ぎながら大八車を引っ張りました」

ゴッちゃんは小さくため息をつき、続けた。

「あれから七十年、ずいぶんと長い年月でしたね」

あまりにも重く苦しい別離。ゴッちゃんはこの悲しみを七十年間抱えて来たのである。

この日は、スケールの大きさで全国的知名度を誇る長岡の花火大会の初日でもあった。ゴッちゃんと一緒に信濃川の川原で絢爛《けんらん》な花火を見あげた。空一面を彩るスペクタクルに心動かされたが、そもそも長岡花火は、大空襲のレクイエムとして戦後すぐに始められ、今も空襲の当日に続けられていることを初めて知る。打ちあげのドカーンという音は、空襲の爆音を忘れないためのものでもあった。そんな気持ちであらためて光の渦を見つめると胸の奥に重いものがのしかかってきた。

ゴッちゃんが空襲で失ったのは、母だけではなかった。ふたりの弟は焼け死に、妹は行方不明となった。ゴッちゃんの中に湧きあがったのは、激しい怒りと悲しみだった。学校の先生たちは「この戦争は正しいことだ」と言っていた。正しいことならなぜ小さい子どもたちがこんな残酷な死に方をしないとならないのか。大人たちは嘘ばっかり言っていたんじゃないか。教育への疑問と、だからこそ重要だという意識がはっきりと芽生えていた。

残されたのは本人と父と兄だけだった。しかし、ゴッちゃんに大きなショックを与えたのは、敗戦から一年少ししか経たないうちに、父が若い女性を家に連れてきたことだ。「この不届きもの」と言って、ゴッちゃんは父を殴りつけた。

「今なら父の立場はわかります。檀家さんも多かったので切り盛りをするために妻の力が必要だったんでしょう。でも、僕の中では、あの苦しんで死んでいった母の姿が忘れられなかった。父が母を捨てたような気がして許せなかったのです。父を父とも思わなくなり、もう荒れに荒れていました」

父と若い義母との間に子どもが生まれた。ゴッちゃんはいよいよ家に居場所をなくしていた。

長岡中学を卒業したゴッちゃんは、地元の小学校の分校の代用教員となる。そんな時、ひとりの女性と出会った。東京から来た教員仲間の妹で、三つ編みをしていた少女マサコさんだった。

ゴッちゃんいわく。

ピカーッと光って、まわりのすべてがかすんで見えなくなった。その子の愛らしさたるや、とても言葉に言い表せない。頭上でくす玉がパカッと割れ、上から花吹雪がひらひらと舞い落ちてきた、そんな心持ちだった。

「僕は十八歳。彼女は十七歳。一目惚れでしたね。僕は田舎っぺだったから、都会的な感じが好きだったんですね」

やがてふたりは親しく話を交わす間柄になった。父との不和に苦しむゴッちゃんに、彼女は寄り添ってくれた。

「そんなに悩んでいるなら、今度の日曜、私と一緒に行ってみない？」

マサコさんに連れられたのが、長岡のカトリック教会だった。

「歓待されました。おー、坊主の息子がやって来た、と。みんなで一緒に弁当を食べるのですが、その一体感がありがたかった。心が荒れ果てていたから、心がゆるみました。マサコさんもいるし、他にも若い女の子がたくさんいる。僕の居場所がありました」

ある時、東京見物に行ったことがゴッちゃんの進路を大きく揺さぶることになる。上野で見かけたのが戦災孤児たちだった。それまで自分のことを世の中で一番みじめだと思っていたゴッちゃんは、横っ面をはたかれた気がしたという。

「道端の残飯を拾って食べている子もいる。自分だってそうなっていたかもしれないのに、そうならなかった。僕はラッキーだ、とは終われませんでした。自分と比べて、なぜこの人たちがこんなに苦しい目に遭うんだと悩みました」

長岡に戻った時、ゴッちゃんは神父に面会し、「この子どもたちのために働きたい」と相談した。

神父の答えは……。

「徹底的にそのことをやりたいなら、神父になりなさい」

ゴッちゃんはちょっと苦笑いに似た表情で「それが神父になった単純な理由です」と教えてくれた。神父は女性とつきあうことができない。ゴッちゃんはマサコさんとの連絡を断った。

「ひどい別れ方ですよね。たいへん失礼だったけど、その時は別れるのに必死でした。彼女の幸せのために僕は何の役にも立たなかったと思います」

神学校を経て、一九六〇年、神父に叙階された。とはいうものの、順風満帆ではなく、なんども神父をやめようと思ったらしい。でも、退路を断たれる出来事が起きた。一九八一年、五十二歳のことだが、この頃、政情不安なインドシナ半島の国々から多くの難民が日本に逃れて来ていた。独裁者ポル・ポトが実権を握っていたカンボジアもそのひとつだ。政治武装組織クメール・ルージュによる極端な弾圧政治と粛清で国土が荒廃し、多くの難民を生み出していた。

ゴッちゃんは、カンボジア難民の孤児の引き取りを支援団体から打診され、信徒たちに協力を呼びかけた。しかし誰ひとりとして手をあげなかった。

「なら、引き受けましょう」

ゴッちゃんみずから、カンボジア難民の里親になることを決意する。やって来た子どもたちは中学生の年齢だったが、ゴッちゃんが驚かされたのは、そのか細い小さな消えいるような声だった。

「関係者に聞くと、ポル・ポト支配下では、子どもたちは私語を慎まないといけなかったそうです。囁くだけでもオンカーという監視組織に見つかるとひどい仕打ちを受ける。だから声変わりをする過程で、声を出せていなかったんです」

神父の本職の傍ら、ゴッちゃんは「父親」業に取り組んだ。だんだんと子どもたちの数は増え、結果的に十人の男の子、そして四人の女の子を引き取り、育てあげた。

二〇一五年夏。長岡の旅を終えて、ゴッちゃんと向かったのはカンボジア・プノンペンだ。空港で出迎えてくれたのは、メアス・ブン・ラーさんだった。ゴッちゃんファミリーの長男格だが、ポル・ポト支配下で心に深い傷を負っていた。そのことは、次章で細かくふれることにするが、私たちは彼の案内でカンボジア全土をまわることになった。

まず赴いたのは、カンボジア中部にあるパデマコ小学校だ。ゴッちゃんを握手で出迎えたのは校長である。ゴッちゃんはあたりを見回しながら呟いた。

「懐かしいなあ」

校舎の壁面にはこう書かれていた。

「Gift from Father Goto（後藤神父の贈り物）」。校舎はゴッちゃんが自分のポケットマネーをはたいて建てたものだった。

どのような経緯で神父が校舎を建てるに至ったのか。時は一九九五年にさかのぼる。子どもたちが巣立ったあと、ゴッちゃんは、ラーさんとともに初めて子どもたちの故郷カンボジアに赴いた。目の当たりにしたのは、荒廃した教育現場だった。

「ポル・ポトは退いていたが、各地にその影響は残

後藤文雄さん、カンボジアの学校でゾウさんになる
© 一般社団法人ファザーアンドチルドレン

っていました。学校も壊れていて授業もできない状態でしたね。これはどうにかしないといけないという気持ちになりました」

こうして最初に建てられたのが、パデマコ小学校だった。以来、周囲の助けも借りながら、ゴッちゃんはラーさんと協力しあって、二十年の永きにわたってカンボジアの教育支援を続けてきた。

私たちがカンボジアに滞在したのは十日ほどだったが、この期間にゴッちゃんは、自分が手がけた小学校の現状観察と、新たな要請への対応に東奔西走を繰り返した。

とにかく舌を巻いたのがその精力的な行動である。どんな悪路であろうと、支援を必要としている人がいると知るや、ゴッちゃんは、トラクターだろうが船だろうがありとあらゆる手段を使って、自らの足で現地に向かって行くのだ。

なんたるスーパー神父。驚愕のもとに戦後七十年の節目の旅は終わった。

幸いにも多くの人々の支援に恵まれ、ゴッちゃんの旅路の映像はひとつの作品となり、全国の映画館で上映されることになった。『father〜カンボジアへ幸せを届けた ゴッちゃん神父の物語』。これからもこの作品を通じて、多くの人たちにゴッちゃんの慈愛に満ちた「父なるまなざし」を見出して貰えたらと願っている。

過日、ゴッちゃんを囲むパーティーがあった。九十歳の誕生日を迎えたのである。相変わらずの「ゴッちゃん節」は健在だった。

「ささ、飲みましょ」

今世界を覆い尽くしている不寛容な息苦しさに、ゴッちゃんのおおらかさは、大きな意味を持つと思う。九十歳となった今も酒を飲み、助平な冗談を言いながら、それでいて心の底で深く平和を考えている異色の神父ゴッちゃん。私もこんなスーパーじいさんになりたいと心から思うのである。

第6話

メアス・ブン・ラー

（元ポル・ポトの少年兵、
カンボジアで教育支援）

傷ついた少年の心

メアス・ブン・ラーさん（© 一般社団法人ファーザーアンドチルドレン）

メアス・ブン・ラー

カンボジア生まれ、正確な生年月日は不詳。ポル・ポト政権時代、ポル・ポト軍の少年兵とされ、その辛い体験に苛まれる。カンボジア難民を育てるカトリック神父・後藤文雄氏と出会い、カンボジア各地を回り、学校建設など教育支援に携わるようになる。映画『father カンボジアへ幸せを届けた ゴッちゃん神父の物語』にも出演。

その男は、孤独な影を帯びながら、キリングフィールドを黙々と歩いていた。推定年齢、五十。彼は、自分が生まれた正確な生年月日を知らない。戦乱の中、戸籍は焼き払われたからだ。両親とわかれて四十年近くの歳月がたつが、いまだにその面影を追い求めている。

「ただ、待って待ってずっと待っているんです。両親に会いたい。生きているのか、死んだのか知りたい。生死がわからないから、あきらめがつかないんです。だから、一生待つんです」

メアス・ブン・ラーが暮らしているのは、カンボジア・プノンペンである。異色の神父「ゴッちゃん」こと、カトリック吉祥寺教会・後藤文雄司祭とともに、カンボジア各地をまわり、学校建設などの教育支援をしている。

最初に出会ったのは、二〇一四年初頭だった。私は、ゴッちゃんの活動に同行するためにカンボジアを訪れた際、ラーさんの案内を受けることになったのだ。

なんて暗い目をしているんだろう。

プノンペンの空港での第一印象である。十数年にわたって日本に暮らし、日本語がわかるはずなのだが、警戒心からか、二人きりになっても無言が続く。私に心を許していないことは明らかだったが、その理由がはっきりとわからないまま旅は終わった。

あの暗い目の奥にあるものは何なのか。二〇一五年、私はゴッちゃんとともにカンボジアを再訪し、ラーさんと再会した時、思い切って聞いてみた。「ラーさん、カンボジアで何があったのか、教えてください」。しばらくこちらを値踏みするような目で見た彼は、ちょっと下を向くと、「本当に辛いことばかりでした」とポツリポツリと語り始めた。

ラーさんの少年時代は戦争と共にあった。内戦と、それに続くように誕生した独裁政権。ポル・ポトが率いる武装組織クメール・ルージュは知識人や富裕層を革命の敵とみなし、粛清を加えた。大混乱の中、ベトナムとの戦争も泥沼化していく。

「何が何だかわからないような状態が毎日続いていました」

王家の血を引くラーさんは、裕福な暮らしをしていたが、クメール・ルージュから睨まれ、自宅は没収された。その家がいまだにプノンペンの中心部に残されていることがわかり、私はラーさんに連れて行ってもらった。

三階建の鉄筋コンクリート造り。一九七〇年代にこのようなビルを個人所有していた人は東京にもあまりいなかったと記憶する。ラーさんの親は相当な高所得者だったに違いない。今は他人の手にわたっている「自宅」を前にラーさんは絶句し、その白亜の壁を撫で、そして拳を握り、何度も何度も叩いた。家の没収と同時に両親も連行された事実をこの場所で知った。

ところで、カンボジアにはラーさんの他にも数人のゴッちゃんの「息子」たちがいる。彼らのいずれもがラーさんと同様の心の傷を負っていた。アンコールワットなどの巨大遺跡群で知られるシェムリアップに暮らしているチア・ノルさんもそのひとりだ。ノルさんは、自身の体験を流暢な日本語でこう語ってくれた。

「父は医者で家庭は裕福でした。でも父のことを同じ集落の誰かが当局に密告したため、父は『二カ月間勉強に行く』と言って出て行き、そのまま帰って来ませんでした。今度は一九七八年に、二人の兄がCIAとみなされ、連行されて処刑された。僕自身も収容所に入れられ強制労働させられました。乾季には土手や堀を作る作業、雨季になると農作業をしました。ポル・ポト時代、都市部住民は『新住民』、農村は『旧住民』と区別されましたが、旧住民より新住民の方が倍働かされ、栄養もほとんど与えられず、本当に過酷な労働でした」

ノルさんのいとこで、プノンペンで事業を営むチア・サンピアラさんも「息子」である。実は私は十数年前に番組でカンボジアを取材したのだが、通訳コーディネートをしてくれたのがサンピアラさんだった。彼は腕利きのコーディネーターとして我々の業界では知られた存在だった。その時はポル・ポト時代のことを問う機会はなく、ましてやゴッちゃんとの関係など思い当たりもせず、屈託のない明るい男という印象しかなかった。ゴッちゃんの息子として再会したサンピアラさんだが、彼も消えることのない苦難を背負っていた。涙を浮かべながら完璧な日本語で当時を振り返った。

「僕の周りの新住民はすべて殺され、僕がひとりだけ生き残ったんです。どんなに寂しくても、どんなに辛くても、あの時には届かないんですよ。十二歳、十三歳で人殺しを目の前に見ていたので、死刑囚が執行人の足音を聞く時に、どういう気持ちか、僕はあれを味わった。ポル・ポト兵が来るのを見るとドキッとする。ああ、俺か。自分の番か。自分しか新住民は生き残っていないからね。毎回毎回同じことがあると、怖いという気持ちよりも、殺される時はどうすればいいんだと、亡くなるまではどうしたらいいのかなと考えていた。目を瞑って堪えるのか、万歳するのか。そういう方向で考えてしまう。それ以上の地獄はないんじゃないかと思っている。だからそうなったおかげで命っていうものがわかる。地獄があったからこそ、ちょっとしたことにものすごく幸せを感じるんですよ」

私と同世代の人々に降りかかった苦難のあまりの深さに私は打ちのめされていた。両親と生き別れ、ラーさんが命からがら逃げ込んだのが、国境近くのタイの難民キャンプだった。そして前章で述べたように、カンボジア難民の一部は日本へ逃げのびたのだが、ラーさんもそのひとりだった。そしてゴッちゃんの「子ども」となった。

以来、三十数年あまり。ラーさんはいまだに実の両親との再会をあきらめてはいなかった。プノンペンのトールスレーン刑務所跡をゴッちゃんとラーさんと訪ねた時のことである。クメール・ルージュによって処刑された人々のスチール写真を見たあと、休憩のためにベンチに座ったゴッちゃんは、寄り添うラーさんにこう語りかけた。

「もうお父さんとお母さんは、わからないね。死んでいるかもしれない」

その言葉にラーさんは間髪を入れず「どこかにいるかもしれない」と反応した。物静かなラーさんが珍しく気色ばっていた。「死んでいるかもしれない」とゴッちゃんは冷静に繰り返すと、普段見せない毅然とした表情でラーさんは反駁した。

「死ぬと言うと、ちょっと失礼になるから」

ゴッちゃんはまだラーさんの本意がわかっておらず、こう応えた。

「でもいくら考えてもね」

ラーさんは、必死の形相である。

「待って待つしかないです。生きているかもしれない。外国にいるかもしれない」

ゴッちゃんが「まだラーはそう思っているが」と言葉をはさむと、それを遮って必死にラーさんは言い張った。

「どこかに病気があって歩けないとか。あるいはベトナムの近くにいるかもしれない」

ようやくゴッちゃんもラーさんの気持ちを察していた。申し訳なさそうな顔になり、こういうのが精一杯だった。

「せつないね」

会話はそこで終わった。ぎこちない空気が「親子」の間に流れていた。

その夜、いつものように飲食をしたあと、私はゴッちゃんの部屋を訪ねた。案の定、ゴッちゃんは昼間の発言を心から悔いていた。

「今も切実な思いでラーが両親を待っているとは知らなかったですね。ですから僕は非常に気楽に、これだけ時間がたっているので、お前の両親は生きているはずはない、と言いましたが、彼はそれを『失礼です』と言った。それでドキッとした。生きているかもしれないのに、僕は死なせてしまったわけでしょ。彼は今でもどこかに両親が生きていると信じている。なんとか生きていてほしいと思っている」

でも、わかるんです、とゴッちゃんは続け、

「僕だってこの歳になって、まだ母親に会いたくて会いたくてたまらないんですから」

プノンペン郊外のとある小学校の視察を終えラーさんが寝静まった夜、ゴッちゃんが缶ビールを片手にこんなことを教えてくれた。

「ラーはね、日本に来る前、カンボジアで、ポル・ポト軍の少年兵だったんです」

思いがけない話だった。クメール・ルージュは、兵の不足を補うため、中学生くらいの年端のいかぬ少年を兵士として仕立て、戦列に加えていたことは知っていた。しかし、ラーさんもそのひとりだったとは……。私は、その後、新聞社から、ポル・ポト軍の少年兵の写真を何枚

か入手したのだが、まだ体もできていない小柄な少年たちが、銃を肩に背負いながら、ガッツポーズをするように拳を天に突き上げている姿に衝撃を受けた。彼らはあどけなさを残しながらも、その目は暗く、思い詰めたような色をたたえていた。それでいて、望みを失ったような諦観が重なり合っていた。彼らがその双眼で見てしまったカンボジアの実情が、本来なら光り輝くべき目の色そのものを変えてしまったのであろう。ラーさんも同じような境遇にあったに違いない。

ラーさんが、大きく歯車が狂った人生行路をリセットする大きな機会がゴッちゃんとの邂逅だったのだ。ラーさんは、東京都内の公立中学と高校を出て専門学校で写真を学んだ。ゴッちゃんは、ラーさんの異国での日々をこう振り返る。

「ラーは、日本で自分のやりたいことを見つけたようですが、やはり、そう簡単に過去を忘れることができなかった」

専門学校に通い始めしばらくたった頃、ラーさんは学校も休みがちになり、部屋に引きこもるようになっていた。その変調に気づいた周囲の人がゴッちゃんに連絡した。

「ラーは早稲田のボロアパートに住んでいたんですが、彼の部屋を訪ねると、ラーは部屋を真っ暗にしたまま、コタツにうずくまっていたんです」

ゴッちゃんは、深いため息をつき、こう続けた。

「ラーの目は、泥沼から這い出たような暗いものでした。『お前、どうしたんだ』と聞くと、涙ながらにこう語り始めたんです」

それはゴッちゃんも知らないラーさんの心の傷だった。

「お父さん、僕を殺してください」

異国から来た「息子」は、「父」にそう言って、うつむいた。あたりを沈黙がおおい、耐えがたいほどだったという。そしてラーさんは、難民キャンプに逃げ込む前、ポル・ポト軍の少年兵だったことを父に問わず語りをし、こう続けた。

「僕は、三人のベトナム兵を殺しました」

ゴッちゃんが予想だにしていない告白だった。

「そのことが苦しくて仕方がないのです。だから、あの三人の若者が生き返るなら、お父さん、僕を殺してください」

衝撃を受けたゴッちゃんは、こう言い返すのが精一杯だったという。

「俺がお前を殺したら、俺も同じことになるだけだ」

その後、ラーさんに少年兵時代を聞く機会があったが、私がその年齢だった時には考えられないような体験の記憶を脳裏に深く刻み込んでいた。

「毎日、戦闘が三度ありました。その時に、敵を撃たないと、クメール・ルージュが僕を厳しく罰した。だから嫌でも撃たなければならなかった」

「戦争では、殺さなければ、こっちが殺される」

平時の日本に身を置く私などが想像できない世界が少年時代のラーさんを取り巻いていたのだ。

「あの時の僕は、生きていたのではなかった。毎日、死なないで『残っただけ』だった。だから生きている実感なんて何もなかった」

諦めきったようなラーさんの暗い目を忘れることができない。戦乱は物心がついてまもない少年の心に消えがたい傷を残したのだ。

告白を受けたゴッちゃんは、「息子」が自ら命を絶つ危険を感じ、精神科に入院させ静養させた。半年後に退院したラーさんをゴッちゃんは、当時勤めていた名古屋の教会に引き取った。

憔悴しきったラーさんにゴッちゃんは、こう語りかけた。

「お前が殺した三人の若者が生きていたら、やったであろう『良いこと』をふたりでやろうじゃないか」

ラーさんの目が一瞬、キラッと光ったことをゴッちゃんは見逃さなかった。その後、日本で職を見つけたラーさんだったが、ポル・ポトの勢力が一掃されカンボジアの内政が安定し始めた一九九五年、行方不明の両親を探すため、カンボジアに一時帰郷した。両親は見つからなかったが、郷里の寺の僧侶の一言がラーさんのその後を決定づけた。

「今、カンボジアは教育が不足しています。学校を作ってほしいのです」

ラーさんは、そのことをゴッちゃんに報告したところ、育ての父は間髪入れずこう応えた。

「よし、学校をつくろう！」

ゴッちゃんは、学校作りの即決をこう教えてくれた。

「ラーと約束した、ふたりでやる『良いこと』がこれだと思ったのです。単に何かを一緒にやるというのではなく、それが結果として人のためになるなら、それがラーにとっても癒しとなると思ったのです」

ラーさんとゴッちゃん。

数奇な運命で結ばれた「親子」がカンボジアに建てた学校は、十九校になる。

カンボジアで、トラクターに乗って移動する
後藤文雄さんとラーさん
（©一般社団法人ファーザーアンドチルドレン）

第7話

大田 昌秀

（元鉄血勤皇隊員、元沖縄県知事）

本土に問う

沖縄県知事時代の大田昌秀さん

おおた・まさひで
1925年 － 2017年6月。沖縄県久米島生まれ。沖縄師範学校在学中に敗戦を迎え、戦後、早稲田大学を卒業後、米国シラキュース大学大学院でジャーナリズムを学ぶ。琉球大学社会学部教授、同大学法文学部長、沖縄国際平和研究所理事長などを歴任。1990年から沖縄県知事を2期8年、2001年から参議院議員を1期6年務めた。著書に、『沖縄戦下の米日心理作戦』（岩波書店）『人生の蕾のまま戦場に散った学徒兵　沖縄鉄血勤皇隊』（高文研）など。

「なんで、沖縄に押しつけるんでしょうね」

朴訥とした語り口。それでいて言葉には怒気がこめられていた。

大田昌秀。元沖縄県知事である。今から十年前、私は番組制作（ＥＴＶ特集『本土に問う』二〇一〇年四月放送）のため、大田さんを一カ月にわたって密着取材していた。折しも、民主党政権は、公約としていた在日米軍海兵隊の普天間基地の県外移設を反故にしようとしていたタイミングで、沖縄は荒れ模様だった。

そもそも普天間基地が日米間で焦点となったのは、大田さんが知事だった一九九六年のことである。前年の米兵による少女暴行事件に端を発した抗議のうねりに、日米両政府はセンセーショナルな妥協策を打ち出した。

普天間基地の返還。時の橋本首相が記者会見でこう語っていたことは記憶に深く刻まれている。

「普天間飛行場は今後五年ないし七年以内に全面返還されることになります」

しかし五年どころか七年たっても何の進展もなかったのは、周知のとおりだ。

私が会った時、大田さんはすでに政治の世界を退き、那覇市内に主に防衛問題を扱う「大田平和研究所」を開設、日々情報収集と分析に勤しんでいた。十数年間膠着状態に陥っている普天間問題を大田さんは心の底から憂いていた。研究所の自室で大田さんは、私に向かってはっきりと言い切った。

「いったい、日本人は何なんでしょうか」

出会って早々にもかかわらず、あまりものストレートな物言いにギクリとさせられた。

大田さんの「日本人」への信頼は、なぜここまで失墜したのか。その原点は太平洋戦争の時代まで遡る。当時、教員を目指し那覇市内の沖縄師範学校に通っていた大田さんが動員されたのが、日本で初めて結成された少年兵を中心とした隊だった。

「鉄血勤皇隊」。多くは十四歳から十七歳の学生たちで、ほとんどが日本の正当性を疑うことのない「皇国少年」だったという。学業を半ばに、十分な訓練を受けずに戦場に立たされた少年兵たちの主業務は後方支援で、年長の将兵に命じられるまま、戦場で様々な役割を担わされた。食糧はろくに与えられず、水汲みなどの雑役に汗を流した。

そして迎えた一九四五年四月一日。後方補給部隊まで合わせると五十四万の米軍が沖縄本土に押し寄せた。大田さんは、想像を超えた敵兵力に圧倒されていた。

「目の前の海には、艦船が蝟集《いしゅう》しており真っ黒でした。艦砲射撃が繰り返され、我々が『トンボ』と呼んでいた飛行機がひっきりなしにやって来て空爆を繰り返しました。さらに水陸両用車が海からあがってきて攻撃をしました」

少年たちの間で比較的年齢が高かった大田さんたち師範学校生は「千早隊」という情報部隊に組みこまれた。大田さんは、沖縄防衛の第三十二軍の司令部壕での伝令係を命じられた。首里に今も残されている司令部壕に大田さんは私を誘ってくれたが、巨大な壕を前にすると、かつての「皇国少年」はほとんど何も語らなくなり、何かに思い浸っているようだった。大田さんの任務は、重要な情報をこの場所から各所の壕の将兵に伝達する役目で、砲弾が飛び交う中の移動はまさに命がけだった。

次に大田さんと一緒に向かったのが、沖縄本島の南部に位置する糸満市の摩文仁である。ここが大田さんの戦争の記憶の核をなす場所だった。

五月半ば、米軍の猛攻に耐えきれず第三十二軍は首里を放棄し、南部へと敗走を開始する。持久戦に陥ると、摩文仁に無数あるガマと呼ばれる自然の壕が拠点となった。そこに地元民が潜んでいると、彼らを外に追い出すのも勤皇隊員の仕事だった。

ある壕の前に立ち止まると、大田さんは、こう教えてくれた。

「ガマの中にいると火炎放射器で容赦なく焼き出される。目の前で次々と仲間が殺されて行く。逃げ場などどこにもありませんでした」

追い込まれた第三十二軍は、沖縄の少年兵たちに新たな任務を加えた。「斬り込み」。手榴弾一個を持って敵兵に突っ込むという「人間特攻」である。負傷した少年たちは自決を命じられ、死に切れない者は、上官が頭を撃ち抜いた。

何のために戦っているのか。皇国少年たちの間で厭戦感情が広がっていた。

米軍の上陸から二カ月あまりがたった一九四五年六月二十三日、第三十二軍の牛島司令官が自決、沖縄における組織的戦闘は終了した。沖縄県民の四人に一人にあたる九万四千の住民と十万以上の日本兵が命を落とした。

大田さんが、摩文仁取材の終わりに、あるところに私を連れて行ってくれることになった。道中で大田さんは、呟くように吐露した。

「困難や決断が不可能なことがあると、そこで仲間たちと向き合うんです。その場所ではすべての利得感情がなくなるんですよ。死んだ仲間たちを前にそんなもの浮かびやしませんよ」

誘われたのは、マングローブの森である。急な坂道を降りると、そこに一塔の慰霊碑が立っていた。沖縄師範学校の生徒たちを祀った「健児の塔」である。大田さんは、そこに向かって深々と頭を下げた。

「彼らが生きていれば、沖縄のリーダーになって戦後の沖縄を引っ張って行ったのにといつも思います。沖縄にとっても大きな損失です」

碑文を見つめながらの語気は強かった。師範学校三百八十六人の学友のうち、二百二十四人が沖縄戦で帰らぬ人となった。

「戦場にいる時、一度で良いから教壇に立ちたかったたって呻吟するものもいましたね。あの言葉が忘れられません」

そう言うと、大田さんは、大きなため息をついた。

「私は戦時中に摩文仁にいるあいだ中、ずっと考えました。こんな戦争がなんで起きないといけないのかということを。だから生き延びたら、このことをずっと考え続けようと思ったのです」

その後、私は米兵に捕らえられた「鉄血勤皇隊」の年端のいかぬ写真を見る機会を得た。そのあどけなさの中にある虚ろなまなざしが心に残った。何かを信じて戦ったものの、裏切られた深い悲しみにも思えた。摩文仁から生き延びた大田さんの両眼に宿っていたものも同様だったに違いない。

沖縄戦から四十余年たって大田さんは、沖縄県知事となった。戦争につながるものを一切忌避する大田さんが取り組んだのが、在留米軍の問題である。そして着目したのが、住宅街の真ん中にある海兵隊普天間基地の日本への返還だった。

「結局、在日米軍を撤退させることが問題の解決につながると考えていました。だから知事時代は、県内であろうが県外だろうが移設など考えもしませんでした」

大田さんのそんな思いは叶い、前述したように在任中に普天間の返還が日米間で合意された。しかし返還のはずだったが、日米間で話は変容していく。嘉手納基地への合併などが検討されたあげくに日本政府が最終的に大田県政に持ちかけたのが県内移設案である。八カ月後に日米が最終発表したSACO合意には「海上施設は沖縄本島の東海外沖に建設する」と書かれていた。名護市の米海兵隊キャンプシュワブに隣接する大浦湾の沖合に基地を新設しようというのだ。いわゆる「辺野古沖案」である。

大田さんは悩んだ末に、地元の民意が得られていないという理由で移設受け入れに反対する。当時の政権は、すぐさま北部振興策の一部を停止するなど大田県政を「兵糧攻め」にした。直後の知事選で、大田さんは、経済復興を旗印に基地移設受け入れを表明した稲嶺恵一氏に敗れ去った。

取材に応じた大田昌秀さん（右）と稲嶺恵一元沖縄県知事

取材を始めて数日たったところで、大田さんと県政時代の苦悩の現場を一緒に歩くことになった。さっそく赴いたのが、宜野湾市にある嘉数の丘だ。その一画に設えられた展望台から一望できるのが、普天間基地である。この日は工事中でヘリコプターの姿は見当たらなかったが、普段であれば最新鋭の戦闘ヘリが演習を繰り返しているという。大田さんは、額に深い皺を寄せ、飛行場をじっと見つめながら返還交渉の当時を振り返った。

「基地は、生活そのものを危険に晒していました。普天間の周りには、十六もの学校が密集している。だから私は、県内でもっとも生活地域に隣り合わせの普天間を返すように言ったのです」

この時、大田さん自身、普天間の近くに暮らしていることを知った。普天間返還要求は、一政治家の悲願であるとともに、基地周辺住民の目線からの訴えだったのである。

次に大田さんと共に訪ねたのが、名護市の東側に位置する辺野古だった。海と山に囲まれた穏やかな街だが、中心部に入ると古びたコンクリート建造物にペンキで直接吹きつけられた派手な彩色の横文字が目に飛び込んできた。よく見ると、アメリカ国旗を連想させる赤や青が多く使われている。星条旗そのものが描かれた壁もあった。かつて基地の兵士やそこで働く人々を主な客とした飲食店だった。ベトナム戦争の頃、前進基地となった沖縄には米兵が増員されたが、名護市に広がる海兵隊基地・キャンプシュワブも例外でなく、辺野古には彼らをターゲットとした店が二千も軒を連ねたという。ちょっと色が褪せはじめたペンキ塗りのバナーに、この街が米軍基地とともに歩んできた戦後の重みを否応なしに感じさせられた。

新たな基地は、ここから指呼の間にある大浦湾に建てられる。大田さんは、この場所にかつて同様の滑走路をそなえた巨大基地の建設計画があったことを教えてくれた。米軍が財政面から断念したというのだが、辺野古沖案は、突然に浮かび上がったものではなかったのだ。

反対派のテントには、何人かの人たちが署名簿を広げ所在なさげに座っていた。砂浜に立てられた看板は風にあおられ、そこに貼り付けられた反対ビラが今にも飛んでいきそうである。建設予定地にはすでにフェンスが張られていて立ち入ることができない。その前に広がるのは波打つエメラルドグリーンの海原である。それを見ながら、大田さんは、こう呟いた。

「この場所を埋め立てて、飛行場を作るなんて、考えられませんね。みんな、一度、この場所に来てみたらいいんですよ。すると自分たちが言っていることがいかに間違っているかがわかる」

波打ち際まで歩み寄った大田さんは、こう語った。

「絶対に起こらないというのであれば別ですが、基地があったら確実に事故や事件が起こるということはわかりきっている。普天間をこちらに移したとしても、その危険性をこっちの方に持ってくるだけなんです。だから問題は依然として残っちゃうわけですね」

大田さんは、ウチナンチュの立場から、本土《ヤマト》への複雑な思いを厳しい言葉で表した。

「エゴですよ、本当に。だいたいね、他人を犠牲にする形で自分の平和を守ろうというのは、感性を疑われますよ。非人間的な生き方ですよ」

そう言って、大田さんが、口にしたのは、沖縄のことわざだった。

「他人に痛めつけられても眠ることができるけど、他人を痛めつけては、眠ることはできない、というのがあります。だから、これまで私は一切、本土に移せと言わなかったわけです。なぜかというと、自分の痛みをよそに移したって問題の解決にならないからです」

しかし、膠着状態に陥った事態に、大田さんの心中は変わり始めているという。

「本土の側が勝手なことばかり言うから、もう本土に移して痛みを実感させない限り、わかってもらえないと思う気持ちが一番強くなってきた。だから、県外もしくは海外という言い方になってきたのです」

大田さんの言葉は重かった。私は、日米安保の要である基地を沖縄が一手に引き受けているという現実を改めて痛感していた。

大田県政のあとは、稲嶺、仲井眞と保守系の知事が続き、この問題に取り組んだが、打開策は見出されなかった。その後、県内移設断念に命を賭し訴えたのが翁長雄志知事である。もともと保守系の政治家だった彼が、辺野古への移設反対の立場に転じたのは、さほど古いことではない。民主党政権が誕生した二〇〇九年、「最低でも普天間基地を県外に移設する」とした当時の首相の公約に賛同したのがスタートとされる。しかし、首相の意志は二転三転、話はまとまらず振り出しに戻り、沖縄県も辺野古の埋め立てに合意した。そのような中、翁長氏はそれまでの保守のスタンスから一歩踏み出し、普天間基地の閉鎖・撤去、県内移設断念、オスプレイ配備撤回を求め、自ら知事選に立候補、かつての盟友だった仲井眞知事を破ったのだ。以来、ぶれる事なく県内移設断念の立場を貫いたが、志半ばで病に斃れた。

大田さんもこの世を去った。最後まで沖縄に課せられた不条理の是正を訴え続けていた。享年九二。

大田さんが亡くなって三年。しかし、事態はなんら好転せぬまま、辺野古の埋め立ては様々な問題を抱えながらも進められている。大田さんの怒りがこもった悲しげな目がいまも脳裏にこびりついて離れない。

第8話

無着 成恭

（「やまびこ学校」の実践、教育者、僧侶）

人と人のあいだ

自宅での無着成恭さん
出典：『アサヒグラフ』1953年2月4日号

むちゃく・せいきょう
1927年、山形県本沢村の沢泉寺に生まれる。山形師範学校を経て、駒澤大学仏教学部卒業。山形県山元村立山元中学校教諭を皮切りに、1956年明星学園教諭、同教頭を経て1983年退職。1964年ー1992年TBSラジオ「全国こども電話相談室」のレギュラー回答者を務める。1987年千葉県多古町・福泉寺、2003年大分県国東町・泉福寺住職に就任し、2011年引退。

ダイヤルダイヤル、ダイヤルダイヤル。回して。パカスカパカスカ、パカスカパカスカ。かけちゃおう……。今でも、テーマ音楽がはっきりと脳裏に蘇る。

子ども時代、私たちの世代に広く聞かれていたラジオ番組がTBS「全国子ども電話相談室」である。タイトルの通り、全国の小・中学生が東京のスタジオに電話で質問を寄せ、回答者が答えていくというものだ。その番組のレギュラーが今回の主人公だ。

無着成恭さん。東北の訛りが濃い語り口は、強烈な印象だった。その時期に他の回答者もいたであろうが、まったく記憶に残っていないことから、その朴とつとした言葉の持つ説得力の強さがわかる。無邪気だった私たちは、クラスの合間の休み時間に無着さんの声帯模写をしたものだった。声だけで知っていた無着さん本人と出会うことができたのは、それからおよそ四十年後である。

二〇一五年、私は、教育の戦後史を描く特集番組を担当することになった（『日本人は何をめざしてきたのか　未来への選択　第五回教育〜「知識」か「考える力」か〜』）。戦後、民主主義という旗印のもと、新たな教育理念に邁進し「やまびこ学校」という社会現象を生み出した無着さんは、間違いなくキーマンである。調べたところ、無着さんは、八十八歳で健在だった。ツテをたどると、彼は、引退し大分別府の温泉街の一画に妻と暮らしていることがわかった。

ファーストコンタクトは電話である。緊張しながら、番号を入力すると……「もすぃ、もすぃ」。

携帯のスピーカーの向こうからちょっとくぐもったような東北訛りが聞こえてきた。少年時代の「有名人」と話すことができて、緊張が感動に変わったのは言うまでもないだろう。

無事面会の約束が取れ、別府へと向かった。アポイントの少し前に住居の高齢者向けマンションに到着すると、作務衣姿の丸刈りの大柄の男性が一階ロビーにいた。遠くからも迫力とエネルギーが伝わってくる。まごうことなき無着さんで、手にはセイロを持っている。大分や熊本の温泉地帯ではよく見かけるのだが、温泉の蒸気熱を利用して食材を蒸す習慣がある。無着さんは、昼食の具材をマンションの共同スペースにある蒸し場に持って行こうとしていた。「妻がね、調子が悪いんで、ご飯を作るのは私の役目なんですよ」。なんとも温泉街らしい光景だが、無着さんの優しさを垣間見た瞬間でもあった。

妻の世話を終えたタイミングを見計らい、インタビューを開始した。

無着さんの教育者としての長い長いキャリアのスタートは、敗戦直後に通い始めた山形の師範学校にさかのぼる。当時、連合国軍＝ＧＨＱの主導のもと、様々な意識改革が図られようとしていた。その大きな焦点が、戦前の軍国教育の立て直しである。敗戦から一年、来日したのが「アメリカ教育使節団」だ。彼らは中学校の三年間義務教育化や男女共学を唱えた。とりわけ強調したのが、教育の民主化である。

無着さんは、教育使節団の報告を読み、衝撃を受けたという。

「自由主義の光を与えることが、教師の仕事だ、と。ああアメリカではこういうふうな考え方でやっているのかって。日本と逆でね、日本の教育というのは国家のための教育であって、人間のための教育ではなかったんだと師範学校の生徒の時代に感じたわけですね。これがやっぱり私の教育の出発点で重要な観点でしょうね」

無着さんは、一九四八年に中学教師となり、後述する大田尭さんと同様に民主主義教育を目指すようになる。着任したのは、都市部から遠く離れた山深い山形県旧山元村（現上山市）の中学校である。その頃全国各地で、子どもたち自らの興味関心を大切にし、主体性を伸ばす教育が目標とされ、教師たちは、創意工夫を凝らした授業を追求していた。

無着さんも新たな試みを始めた。作文を通して生活をありのままに書かせる「生活綴方」による指導を実践したのだ。子どもたちは身の回りの生活を綴り、作文をもとに自由に意見を述べあっていく。たとえば、ある女生徒はこう書いている。

思わず「うう寒い」と云ったら「山にいったおっつぁのこと考えて見ろ」と、おっかにどなられた。そうだ。ピューピュー風あたりの強い山でおっつぁとあんつぁが木を切っているのだ。そうだ。寒いなんて云っていられない。おっかのいうとうりだ。

（「寒い冬」　門間きみ江）

「上から教えるよりはね、子どもたちが今何を考え、悩んでいるのかを出させることが先じゃねえかと思ったんです。それが出来なかったら、その子どもたちに何を教えたらいいかが分からないじゃないかって。自分の言葉で自分が問題に思ったことを書きなさいと言ったんですよ。そうすれば彼らがどう生きて行ったらいいか、方向性も見つけられるんじゃねえかって」

文集を読み返すと、他愛ない家族の話などが多いが、そこには同時に東北の農村部ならではの苦悩もにじんでいる。

「最初はみんな短い文章なんですけどね、一人一人が今何に悩んでるか、どういうことを問題にしているのか、子どもが四十人いると四十通りあるわけでしょ。こうやって、人間がどう生きればいいかを学んだならば、日本をどうしたらいいかを考えるようになり、日本はよくなるんじゃないかと考えました」

クラス文集をもとに、一冊の本が誕生した。『山びこ学校』(一九五一年)である。同著は、世間の耳目をひき、さらに名監

中学校教師時代の無着成恭さん
(出典:『アサヒグラフ』1953年2月4日号)

督今井正によって映画も作られ、若き無着さんは、一気にその名を全国に広めた。

「学校で教えることを鵜呑みにするのではなくて、自分自身の疑問を前面に出すことが可能になったってことですね。戦後の教育で初めてでしょう」

そう胸を張る無著さん。しかし映画が評判になると、地元から見せたくない田舎の現状を世間にさらしたと糾弾を受ける羽目になったという。学問を積まなくてはならないと感じていた無着さんは、これをきっかけに六年間勤めた中学を辞職する。生家が寺だったこともあり、駒澤大学に入学し仏教を学び、卒業後はそのまま東京の私立学校に拠点を移し、自由な教育のあり方を追求し続けた。教鞭を執りながら得度も受けている。ちなみに無着は仏教用語で「執着がない」状態をさす。

TBSラジオ「全国子ども電話相談室」のレギュラー回答者は、一九六四年から一九九二年にいたるまで実に二十八年間務めあげた。ユーモラスでユニークな回答が人気を呼んだ。

一時間あまり、無着さんは、自身の来し方や熱い思いを語ってくれたのだが、そこから話が現代にシフトした。かつての教育界の風雲児は、自身の取り組みとは異なった教育が蔓延していることを嘆いていた。

「自分の頭で考える訓練ができていない。そういう訓練を日本の子どもたちにしないとね、日本はダメになるんじゃないかという思いがしますけれどね。だって疑問に思うことね、いっぱいあるわけですよ。それを疑問に思うことが大事で、それをしないといつの間にか疑問が疑問でなくなってしまうわけですからね。皆自分がおかしいと思うことはちゃんと吐き出させないと教育にならないと思いますね」

教育の第一線を退いたあとは、千葉、そして大分国東の寺で僧侶を務めてきた無着さん。帰り際に強く語った言葉がある。それが「人間」についてだった。

「人間というのは、人と間と書く。つまり間がないと人間ではないということです。でも、今はその間がない人がいますよね。自分の私利私欲にとらわれてしまって他の人のことをまったく考えない。また、自分の思いを通すためには他の人の意見を全く聞かず、強硬に多数決で物事を決めてしまっている人もよくない」

無着さんは、こう締めくくった。

「私たちは、人間です。だから、人と人の間を大切にすべきなんです。それこそが一番大事なことではないでしょうか」

仏教者でもある無着さんならではの含蓄のある言葉だった。柔和な表情の中の真剣なまなざしが心に突き刺さった。

第9話

本田 哲郎

（カトリック神父、
大阪釜ヶ崎の労働者の中で働く）

大切なものは何

釜ヶ崎で無料散髪する本田哲郎さん（2007年撮影、共同通信社）

ほんだ・てつろう
1942年、台湾に生まれる。上智大学卒業、上智大学神学部修士課程修了。1965年フランシスコ会に入会、ローマ教皇庁聖書研究所卒業、カトリック司祭叙階。1989－98年、社会福祉法人ふるさとの家施設長。大阪・釜ヶ崎で日雇い労働者の相談活動を続ける。著書に『釜ヶ崎と福音――神は貧しく小さくされた喪者と共に』、『聖書を発見する』（共に岩波書店）ほか。

地下鉄の動物園前駅を出た私は、すぐに道に迷ってしまった。目的地は警察署のすぐ前だと聞いていたが、当てずっぽうに歩いても埒があかなそうだった。作業着姿の人々が行き交う中、暇を持て余していると思しき初老の男性をつかまえて質問をした。「警察署はどこですか」。

その人は、破顔の笑みを浮かべ、「そこを曲がって、まっすぐ行けばあるねん」そして「警察までの道はな、銀座通りっていうねん、喫茶店もあるよ」と続けた。銀座、と発する時にはちょっと嬉しそうだった。約束の時間まで間があったため、喫茶店はありがたい。

しかし、銀座通りには、なかなか喫茶店は見つからなかった。そのかわりに人が倒れているのに遭遇した。ニッカポッカを着た七十過ぎの男性だ。枕元には缶酎ハイが転がっている。しかし、道行く人たちには見慣れた光景らしく、誰もその人に声がけをしない。平日の午前中だったが、路上では早くも男たちが酒盛りをしていた。「居酒屋で覚醒剤を売らないで」という大きな看板にギョッとさせられる。途上に喫茶ではなく居酒屋が出てきたが、すでに多くの酔客を吸い寄せていた。

大阪市西成区萩之茶屋。

私が歩いていたのは、通称「釜ヶ崎」と呼ばれる、全国でも最大規模の日雇い労働者の街である。私は、新参者と思われたようで、周囲の男たちの値踏みをするような視線を感じた。緊張感が全身を覆い尽くす。手配師なのか、両腕に刺青を入れた男が無遠慮に睨みつけてくる。

無意識に纏《まと》った警戒の鎧が、男たちの怪訝を呼び起こしてしまっているのかもしれない。

警察署のすぐ脇にある目的地には、約束の時間より早く到着した。係りの人に取次を願うと、坊主頭の筋骨隆々たる男性が出てきた。

本田哲郎さん、七十五歳。三十年にわたってこの街に暮らし続けているが、二万ともいわれるこの街の日雇い労働者のひとりではない。カトリック神父である。ベースにしているのは教会ではなく、「ふるさとの家」という施設だ。本田さんは他の団体とも連携し、行政にも呼びかけ日雇い労働者の自立に向けた取り組みを続けている。

拠点となる「ふるさとの家」は三階建てだ。本田さんの他に四人のスタッフがいて、就労の手伝いや、生活保護のアドバイスなど、この街に暮らす人々の相談に乗っている。一歩施設の中に足を踏み入れると、あたりを漂う酸味臭が鼻腔を刺激する。どこかしら馴染みのあるものなのだが、飲みすぎた翌日に自分の肌から発するものとまったく同じものだとすぐに気づく。飲酒はおろか、酒の持ち込みも禁止されているのだが、すでに男たちの体にアルコール臭は染みついてしまっているのかもしれない。

一、二階には各々広間があり、生活保護受給者を中心に日中に仕事のない人々が五十人ほど集まっていた。一日にすると二百人ほどの利用者があるという。新聞を読む人々、囲碁をさす人、所在なさげにお茶を飲む人など様々だが、ひとり大声で叫んでいる人には思わず身構えてしまった。

二階の一二畳ほどの部屋が本田さんの「職場」である。壁に貼られた大型の紙に目が引き寄せられる。カレンダーの裏側を利用したような紙は年季が入っていて、すでに黄土色に変容している。「サンパツ」という黒マジックの文字がデカデカと踊り、その下に赤いマジックで、「生活保護を受けられるようになった方は遠慮してください。サンパツ屋さんへいってください」、別の紙には「サンパツ①丸刈り0・5ミリ6ミリ9ミリ②スポーツ刈り③すそ刈り④カット⑤職人刈り」と書かれている。

本田さんが日課としているのは、路上生活者や日雇いの人たちへの無料散髪である。毎日、十人限定だが、バリカン片手に本田さん自ら、男たちの髪を切る。この日も本田さんのもとに数人が列をなしていた。本田さんは、男たちと雑談をかわしながら、手を動かしていく。「体調はいい?」「いいよ、大丈夫」「生活保護受けるようになったら、床屋さんに行けよな」。綺麗さっぱりと整髪された男たちは、一様に表情が緩み、嬉しそうだ。本田さんは、こちらを向き微笑みながら呟く。

「みんなのこの何気ない笑顔がいいんですよね」

太平洋戦争の最中、日本の植民地だった台湾の台中に生まれた。その時幼児洗礼を受け、カトリック信者となる。敗戦後、引き揚げたのは両親のふるさと奄美大島だ。三歳まで「侵略者の子ども」として台湾に暮らし、その後、アメリカに侵略された奄美大島で育った、と自嘲めく。奄美大島にはカトリック信者は多く、家族や親戚、そして通っていた教会の司祭の期待に押されて神父となる。修道会フランシスコ会に所属し、一九八三年に二百六十人の神父・修道士を抱える会の日本管区長になった。同時に本田さんは人からよく思われようと評価を気にしている自分に気づき、苦しんでいたという。

「よかれと思うことをしてあげようとして、相手の気持ち、相手の本当の望みに気づけなくなっていました。だから関わりが、『あわれみ』や『ほどこし』になってしまって、その人の尊厳をないがしろにしていたのです」

六年の管区長の任期が終わる一九八九年一一月、本田さんは初めてこの街を訪れ、フランシスコ会の聖職者たちが働く「ふるさとの家」を視察した。その際に野宿者の夜回りに参加、炊き出しと毛布の配布をしたのだが、出会った男性に言われた一言が突き刺さり忘れられないものとなる。

「にいちゃん、すまんな。おおきに」。男性はニコッと笑っていた。本田さんは、肩の荷が下りて、緊張がとけるのを自覚したという。

釜ヶ崎の出会いで本田さんは自分の狭い殻、そして独りよがりの考え方から解放され、「ここには生きた信仰の支えがある」と確信していた。

本田さんは、六本木から釜ヶ崎に拠点を移し、今日に到るまで三十年にわたってこの街に暮らしてきた。

「痛みを抱えている人たちにとって何が一番大事なのかを考えるようになりました」

神父としての転勤を一切断り、除名の一歩手前にまで追い詰められてなお釜ヶ崎に留まり続ける。苦難を背負って生きる日雇い労働の人たちの内部にこそ宿るものがあると考えているからだ。

「私は、この街に暮らして楽をしているんです。普通、神様に出会うのは難しいんです。でも、ここにいると毎日、神様に会えるのですから。私は、毎日、周りから教わっているんです」

本田さん自身、この地区の古びたアパートに住んでいる。広さ二畳、バス・トイレは共用。ここでの本田さんの大きな仕事が、聖書の読み直し作業である。バチカンの聖書研究所への留学経験を生かし、原典のヘブライ語とギリシャ語に遡って聖書の再翻訳に取り組んでいるのだ。それは「常識」への問い直しでもあった。

重視しているのはイエスの死後にイエスの言葉や行いを記録者たちがまとめた福音だ。本田さんは、これまでにマルコ、マタイ、ルカ、ヨハネの福音書、そしてパウロの「ローマ人への手紙」などの書簡を訳し直してきた。

「イエスの言葉、真のメッセージをつかみ取りたいのです」

例えば、「信仰」という言葉についてこう教えてくれた。

「ひたすら信じることだと思われています。『信じるものは救われる』と言われますよね。でも、元々の言葉の意味は『信じた通りに行動を起こす』。具体的に動くことを含めての『信仰』であり、『祈り』なのです。信じるだけだと害にしかならない」

だから、本田さんは、この街で実際に行動しているのである。

原典を読み解くと、聖書のキーワードともいうべき「愛する」という言葉も誤って伝わっているという。

「相手を尊重し、その人らしく生きることを願うこと。それが元々の意味です。だから『愛する』ではなく、相手を『大切にする』というメッセージなんです」

キリストが大事にしたのは「大切にする」ことで、無差別に人を愛してなどいない。現に聖書の中でファリサイ派を毛嫌いしているではないか——。教会やカトリックの学校は「互いに愛しあえ」「敵をも愛せ」などのモットーを掲げているが、それは実現不可能なことで無理だと断言する。本田さんの言葉に私の目から鱗が落ちていた。

有名な聖書の言葉にも本田さんは踏み込んでいく。たとえばマルコの福音。洗礼者ヨハネが捕らえられた後、イエスはガリラヤに赴き、民衆に神の福音をこう告げ知らせた。「時は満ち、神の国は近づいた。悔い改めて福音を信じなさい」。キリスト信者のみならずよく耳にするフレーズである。この箇所を本田さんはこう訳し直す。「時は満ち、神の国はすぐそこに来ている。低みに立って見直し、福音に信頼して歩みを起こせ」。「悔い改め」が特に問題だった。

「原文のメタノイヤには『悔い改め』という意味はまったく入っていません。それに『悔い改め』は誰でもできる。メタノイヤは『視座を移す』という意味です。だから『どこから見ていたのか』が問われている。痛みを抱えている人の側から物事を見る必要をイエスは説いているのです」

本田さんから、ちょっとした英単語の成り立ちを教わり、またまた鱗が落ちた。それが「understand」。「相手より下に立つという複合語です」。確かに under-stand の二語にわけられる。なるほど。「理解」は、こちらが上からするものではないのだ。

本田さんの基本スタンスは「小さくされた者の側に神は立つ」というものだ。あるインタビューでこう語っている。

「教会は大抵、『小さくされた者』を『小さき者』という風にどうしても上から目線で表現してきた。その人たちに何かしてあげなくちゃという発想が強い。だから日雇い労働者や寄せ場にいる人たちに対してはホームレスと言う言葉でどこか蔑むような扱いをしている。人間として大切な感性を持っているのは、貧しさの中にある痛みを知っている一番小さくされている人たちです。世間が、周りが、教会が、学校が、そういう人たちを小さくしてきたんだ。そこに本当に気づかされてね」

ここまで文章を書きながら、ハッとさせられた。いまさらながら、自分の目線の「高さ」に気づかされたのだ。本田さんのメッセージを噛み締め、釜ヶ崎を歩きなおすと、この章の前半斜字はこうなるはずだ。

私が歩いていたのは、通称「釜ヶ崎」と呼ばれる、全国でも最大規模の「小さくされた人たち」の街である。ただその時私はそのことに気づかず、みんな私を可哀想な人だと見ていた。全身を覆い尽くした緊張感は、私に真実が見えていなかったからだ。そんな私を男たちは強い目でこちらを凝視し心を見透かし、さあ、分厚い偏見の鎧を脱いでこっちの側に立ってみてごらん、と語りかけていた。

労働者の高齢化が進んでおり、毎年、釜ヶ崎界隈で数百の人々が亡くなっている。孤独死も多いという。話を終えた本田さんは、「ふるさとの家」の片隅の鰻の寝床のような細長い小部屋に私を誘った。壁一面に棚が作られ、十五センチ四方の箱状に区切られていた。ひとつひとつの箱には、写真が収められ、その横には名前が書かれていた。

「みんな釜ヶ崎で倒れた身寄りのなかった人たちです」

そこは納骨室だった。窓側には祭壇が設けられ、十字架といくつかの写真が飾られていた。

「このあたりは最近亡くなった人たちです」

弔う人もいない路上の「小さくされた」人々を本田さんは長い年月をかけて祀って来たのだ。

本田さんは、「この人はね」「こちらはね」「ああ、フジワラさん、いい友達だったな」などと言い、一葉の写真にしか存在証明がない彼らの思い出を丁寧に愛おしむように語った。私は本田さんの底のない優しさに打たれていた。

「私もね、ここに入ろうと思っています。だからね、先日予約を入れたんですよ」

強面な顔と不釣り合いな限りなく優しい目を細め、屈託なく笑う。

「常識」を丁寧に問い直し、根元からの本質論を説く本田さんとの逢瀬は宝石のような時だった。いつでも本田さんの言葉を思い返すたびに、私は重いものを臓腑にねじ込まれた気持ちになる。問われているのは、誰でもなく己自身だと気づかされるからだ。

何を「大切に」すべきなのか、思考を止めず、考え続けて生きたいと思う。

第10話

義父と実母

（二人の死に直面して考えたこと）

涙の理由

母を見舞い、ふと見上げた空

実母（渡辺道子《わたなべみちこ》）と義父（土屋春樹《つちやはるき》）

著者の母、商社マンの子として北京で生まれ、東京で育つ。フルブライト奨学生として敗戦直後米国に留学。帰国後中学校の英語教師となり、新聞記者だった夫と結婚。88歳で死去。熱心なカトリック信者でもあった。渡辺考氏の妻の父、大学卒業後、父のあとを継ぎ山梨県甲府市でカメラ店を経営し、時としてカメラマンとしてスタジオで撮影にもあたった。75歳で死去。

二〇一八年十月初旬から十一月初旬にかけての一カ月は、人の生と死を考えさせられたこれまでにない時期だった。十月八日、妻の父が七五歳で亡くなった。三年間、難病・間質性肺炎と闘っての最期だった。そのちょうど一カ月後の十一月八日、こんどは私の母が亡くなった。八八歳。老衰だった。

人が最終ステージに差し掛かった時、周囲の者はどのように振る舞うべきなのか。非常事態に、私は最善の行動をとることができていたであろうか。今もそのことを思い返すと胸が苦しい。

義父は、病状が悪化してもなお山梨県甲府市の自宅に留まったが、呼吸困難に陥り、救急車で総合病院に搬送され、集中治療室を経由し、入院四日後、病室で果てた。母は二年あまりを過ごしていた高齢者住宅でロウソクの火が消えるように命を閉じた。

息子として、もっとできたことはあっただろうと思うと、取り返しのつかない気持ちで溢れている。そして考え続けているのは、ふたりは、何を心に抱きながら最期を迎えたのか、である。ここでは、世間では名もない両者の生涯を少しだけ語らせていただき、臨終について考えてみたいと思う。

母は戦争に翻弄された世代である。一九二九（昭和四）年、父親が商社マンだったことから、駐在先の北京で生まれた。その頃のことを私にもほとんど話をしなかったし、「周囲には言わないように」と念を押されたのを覚えている。今あらためてその心理を想像するに、当時中国大陸に進出していた日本の大手資本の一員として、母も「侵略」に加担してしまったという意識があったのかもしれない。

一歳になる前に帰国、小学校から都内のカトリックの学校に通う。女学校の頃に太平洋戦争が始まり、勤労学徒として軍需工場で働いた。母から聞いた戦時下のひもじさと東京大空襲の悲惨は、心にはっきりと残っている。

戦争が終わり、英米文学を学び公立中学の英語教師となった。新聞記者の父と結婚後は家庭に入り、地域の中高生に英語を教えていた。カトリック教会に通い続けた、熱心なクリスチャンでもあった。

二〇一六年に父が体調を崩したことから、本人たちの希望でサービス付高齢者住宅に暮らすようになっていた。父の死後は一気に体力気力が衰え、二〇一八年の晩夏から、加速して調子が悪くなっていった。

母は、いわゆる延命治療は受けないという方針を繰り返し私たちに語っていた。栄養摂取が衰えてからも母は点滴を拒否、十一月初頭には、完全に食事もとらなくなった。私は、体が確実に衰えていく中での絶食ゆえ、母の精神も死に向かって衰えていくと思っていた。しかし、驚くことが起きた。以前に増して母のまなざしに力がめばえ、対話が豊かになったのである。

宗教学者の山折哲雄は、自身が病気で絶食した時のことをこう綴っている。「四日目、五日目あたりから変化があらわれた。堪えがたい飢餓感がいつのまにか引いていくようだった。それに代わって思いもしなかった清涼感のようなものが自分のからだの内部にもどっていたのである。全身の五感が研ぎすまされていくようだった。主要な栄養を絶たれ、枯れ木のようになっているはずのからだがにわかに生き返ったような気分だった。いままで奥の方に眠っていた生命力が急に息を吹き返してきたのである」

さらに山折は、中世に比叡山や高野山などで、修行する行者が寿命を悟ると、多くが断食に入り、一週間から十日ほどで霊的な幻聴や幻覚を得てこの世を去ったと続ける。母は、食断ちしたのちに純化され、自身が信じているキリストの永遠の世界との交信を始めていたのかもしれない。

十一月八日早朝、母の容態の急変を施設から知らされ、駆けつけた時には、母はすでに息を引き取ったあとだった。閉じた瞼の端には、涙が溜まっていた。

母の枕元を整理していて見つけたのは、上智大学で長い間教鞭をとったヘルマン・ホルヴェル神父の言葉だった。

「楽しい心で年を取り、働きたいけれども休み、しゃべりたいけれども黙り、失望しそうな時に希望し、従順に、平静に、おのれの十字架をになう。……弱って、もはや人のために役だたずとも、親切で柔和であること。……老いの重荷は神の賜物」

言葉に触れ、母の覚悟を遅ればせながら感じたのだった。

義父の病状が急激に悪化したのは、二〇一八年の九月の終わりのことだった。呼吸不全に陥り、酸素チューブを鼻に装着する生活を余儀無くされた。十月に入ると、家の中での移動もできなくなり、近くの公立病院に緊急入院した。

私が三人の子どもたちと、枕元に駆けつけたのは、十月七日の夕刻である。仰臥していた義父は、孫たちの顔を認めると、満面の笑顔となった。咳は止まらず傍目にもその苦しさがわかるのだが、笑顔を絶やさなかった。苦しさを和らげるため、モルヒネの投与が始まっていたのだが、思考はクリアーで口調はしっかりとしていた。しかし笑顔とはうらはらに、まとっていた寝巻きは汗でぐっしょりだった。それでも義父は、苦しみの言葉や文句ひとつ口にすることはなかった。それどころか、繰り返したのは、こちらへのエールだった。私と妻には、「家族、仲良くな」、新婚間もない義妹には、「N君を大事にしろよ」、息子には、「強くなったな」、娘には、「ショートカットが似合うなぁ」。

病室の窓の外には、八ヶ岳を中心に甲斐の山々が裾野を広げ、空にはほっそりとした雲が幾重にも重なり、夕方の斜光がそれらを赤く照らし出していた。極度の緊張状態が私の視覚を覚醒させたようで、やけに美しくこの世の光景ではないようだった。稜線の向こうには楽園があり、そこには優しい音色が鳴り響いている。そんな想像が空々しくなく抱けた。私たちを悲しみが入り交じった甘美な時間と空間が包みこんでいた。

面会の終わりに、義父は妻の名を呼び、こう言った。「携帯を貸してくれ」。義父はカメラ店を経営していて本人も根っからのカメラマンであった。携帯を受けとると、義父はレンズを私たちに向けた。横に並んだ家族の顔を見る余裕などないが、みんな悲しみの表情を浮かべていたに違いない。すると義父は「どうした、そんな顔をして」と笑い飛ばし、「はい、みんな笑顔で」と言った。そして咄嗟に浮かんだのだろう、微妙なユーモアも添えた。「東大に合格したんだから、嬉しいだろう」。よくわからない冗談に私たちは泣き笑いしながら、集合写真におさまった。無理に作った笑顔はちょっとゆがんでいた。涙を隠せない娘に、義父は本当の理由を知りながらも、咳き込みながら笑い声を作り、「うれし涙か」と言ってティッシュを渡した。そして私たちに「ゆっくりご飯を食べておいで」と気遣った。

翌早朝、義父の容体が急変したとの緊急電話が病院から掛かってきた。血痰が止まらなくなり、息もできない危険な状態に陥ったのだ。担当医に苦しい判断を迫られた。「脳の機能がはっきりしていると、肺と連動し、血痰が止まらない。薬の投与を少し増やしますか」という主旨だった。

辛いが、別れの時は迫っていた。家族全員で別れの握手をした。その間も義父の意識ははっきりしていて、ひとりひとりに気遣いのアドバイスを投げ掛けてくれた。そして「ありがとう」を繰り返した。

辞世の言葉は、「百点満点だった」。

「少し眠るからな」、そう言って目を閉じた。ふたたび目を開けることはなく、義父は息を引き取った。最後まで前向きの姿勢を崩さず、大あっぱれな往生だった。まだ七十五歳と平均寿命に達しないだけに、無念もたくさんあったに違いないが、そんなそぶりは全く見せず、本当に骨太の強い人だったとあらためて思う。穏やかな義父の末期の眦《まなじり》にも涙が溜まっていたことを忘れることができない。

ふたりの死から一年と数カ月が経つ。辛く重苦しい気持ちは薄らいだと同時に、二人の面影もどんどんと遠のいていくのはいなめない。しかし、時として不意をつくように深い悲しみと喪失が襲いかかることがある。そんな時私は、カズオ・イシグロから受け取った言葉を強烈に思い出す。

「記憶は、死に対しての部分的な勝利である」

これからも死者を時に深く思い出し、記憶として自分の中で生かし続けよう。同時に、大事な人々が死に臨んだ時、何を此岸に伝えようとしたのかを忘却してはいけないと思う。

ふたりが臨終に浮かべていた涙の理由と意味を今も私は考え続けている。

第11話

大田 堯

（教育界のレジェンド、日本子どもを守る会名誉会長）

教育は国家のものじゃない

書斎で語る大田堯さん
出典：『アサヒグラフ』1953年2月4日号

おおた・たかし
1918年－2018年。広島県生まれ。東京帝国大学文学部卒業。東京大学教育学部学部長、日本子どもを守る会会長、教育科学研究会委員長、日本教育学会会長、都留文科大学学長、世界教育学会(WAAER)理事などを歴任。東京大学名誉教授、都留文科大学名誉教授、日本子どもを守る会名誉会長。単著に『教育の探求』（東京大学出版会）、『教育とは何か』『教育とは何かを問い続けて』（以上、岩波新書）、ほか多数。

ひとりの教育者が、二〇一八年の末にこの世を去った。大田堯《たかし》さん。享年百。敗戦直後から、戦後民主主義教育の地盤作りに寄与した、まさに教育界の「レジェンド」だった。

私が大田さんに初めて出会ったのは、十年ほど前のことである。私の子どもたちが通う都内の小学校に来訪、その特別講演を拝聴したのである。体育館に詰めかけた保護者に、大田さんは、子どもたちにとって押しつけでない自主性がいかに大事か、穏やかに笑みを浮かべながら平易な言葉で語りかけた。

どのような話のなりゆきだったか、私は講演後の大田さんに面会することになった。小柄な痩身で、無駄な肉は削がれ頬はこけ、剃髪したように後頭部まで髪の毛はなく、それでいて側頭部に残された髪は肩までのび、学者というより前衛芸術家のイメージである。私を見つめる双眼は限りなく柔和で、講演で多勢を相手にしていた時と同様に語り口は優しく、こちらの話にも熱心に耳を傾けてくれた。威圧などをまったく感じることはなかった。別れ際には、また会いたいな、という思いが強く湧き上がっていた。「今度遊びに行っていいですか」。五十も目上の人物に対して、私の中から自然に出てきたのはカジュアルな言葉だったが、レジェンドは満面の笑みで「どうぞどうぞ」と応えてくれた。

とはいうものの、理由もなしになかなか「遊びに」行くことはできなかった。念願叶って、大田さんと再会できたのは、二〇一五年八月のことである。戦後七十年という節目に、私は日本の教育の戦後史を特集する番組（日本人は何をめざしてきたのか　第五回『教育〝知識〟か〝考える力か〟』）を作ろうとしていた。まっさきに脳裏に浮かんだのが、大田さんの優しいまなざしだった。戦後の教育界を探るのに、大田さんほどの適任はいなかった。出会いから数年がたっていたので心配だったが、本人はいたって元気で彼の自宅で話を聞くことになった。大田さんとまた会えると思うとワクワクした高揚感に包まれた。

埼玉県さいたま市の住宅地。都市部近郊というのに静寂に包まれた家は、庭も広く実生の大樹が茂り、ほっとさせられる空間である。大田さんの生活と研究をサポートしている相馬直美さんに部屋に通されたのだが、そこにある巨大な机にまずは驚かされた。長さは実に十メートルほど。サークルの学習会にも使われるため、お互いの顔と顔が見えるようにと、流水状に設計されている。書棚は机に寄り添うように半月状に弧を描きながらも天井まで到達し、古今東西の書物が所狭しと並べられていた。教育関係よりむしろ文学や哲学書が多いような印象を受けた。まさに知のマエストロの小宇宙だ。悠然と、それでいて深い笑みを浮かべた大田さんがあらわれ、中央の指定席に座った。机をはさんで、私は、大田さんにそのあまりに長い半生を問うた。

一九一八年、広島県の田園地帯（現三原市本郷町）に生まれる。少年時代は自然の中でのびのびと育ち、わんぱくだったという。子どもは自然と触れて育っていくという自説は、実体験から生まれたものだった。それでいて、意外なことに、大田さんの少年時代の目標は勇ましかった。

「『皇国民になれ』とか『国のために身を捧げろ』という教育を受けた軍国少年でした。あこがれは海軍兵学校に入ることでしたが、目が悪くて断念しました」

諦めきれずに海軍経理学校を受験するが、身体検査で不合格となる。方向転換して旧制広島高等学校の文科に入学した。頭を悩ませたのは、大学の進路である。ここでも意外なことに、大田さんはすんなりと教育の道を選んだわけではない。法律家や政治家はなじまないし、金銭を扱う経済人にも向いていない。消去法的選択肢で浮かび上がったのが文学部だった。ただ文学者では食えないので、再度の消去法で社会、教育、心理が残り、最後の最後に身内に教師が多いこともあり、教育学科に進路を定めた。

一九四一年十二月に大学を繰り上げで卒業、時を同じくして太平洋戦争が始まった。大学院に進んだが、翌年八月に、大田さんのもとに舞い込んだのは、召集令状だった。広島市の陸軍西部第二部隊の歩兵砲中隊の所属となり、内務班では古参兵からビンタなどの制裁を下される毎日だった。

「もう散々に苦労をしてね、ひとりひとりの人間を解体して将棋の駒のようにしていって、力が支配する集団に変えられていく。自分は一体どういう意味でここにいるんだと、存在意義がわからなくなる。今まで学んだ学問の意味がね、全然見えなくなるわけです。人間的な性格は失われると言ってもいいと思うんです。人間喪失。この状態がずっと続くんですよね、軍隊生活の中でね」

四四年六月、出動命令が出され向かったのは、インドネシアのセレベス島だった。すでに日本軍の敗色は濃厚で、攻勢を強める連合国軍の前に制空・制海権を完全に喪失していた。海路をへて遠く東南アジアの戦場にたどりつくのは命がけの行為だった。八月、大田さんが乗っていた軍用輸送船「めき志こ丸」は敵潜水艦の魚雷攻撃を受け爆発して沈没する。四千百五十一人中八百四十七人が行方不明となった大惨劇であるが、大田さんは、三十六時間漂流したあげく海軍の船に救助された。まさに九死に一生を得たのだった。

前線では、連合国軍の上陸を迎え撃つ守備隊の任務にあたる。敵機からの機銃掃射を受けたが、椰子林の中で行動していたため直撃はなく、生き永らえた。仲間の将兵が命を落としたのはアメーバ赤痢やマラリアなどの疫病だった。敗戦後、連合国の捕虜となり、復員できたのは翌年の六月だった。

「武器は捨てて、平和を目指していく。いい時代になるぞっていうね、あけぼのの感覚というものは、そこでつくづく感じられました。その時以来、今でもそうなんだけど、信念は永遠の終戦なんですよ」

当時、日本の統治にあたった連合国軍総司令部（ＧＨＱ）は戦前の軍国主義を一掃しようとしていた。憲法が制定され、一九四七年には、教育基本法が制定された。教育の目的は、「人格の完成」であり「個人の価値」を尊ぶという戦前にはなかった教育理念がうたわれた。

「今度は、我々ピープルが教育を創らなくちゃいけないんだ。教育は、国家のものじゃないんですよ。教育というのは、公共のものなんです」

それまでの「修身」や「公民」「歴史」に代わって誕生したのが「社会科」だった。復員してすぐに大田さんが取り組んだのが、故郷三原市本郷町の小学校社会科のカリキュラム作りだった。

「汽車で片道一日かけて通い詰めました。町の人たちに集まってもらって、カリキュラムを作るというのを三年ほど続けました。先生たちも一生懸命、まったく自由なんですから、お上《かみ》の命令じゃないんですから。自分たちで授業プランを作りあげた」

本郷町の抱えている問題は何か。小学生たちは、教室を飛び出し地域に入り込み、「調査的勉強」を実践した。まさに今日の「総合的学習」である。実際に三原市本郷に取材に行ってみると、町の資料室に当時の文書が残されていた。児童たちによる地元農業の研究記録を見せてもらえたのだが、その時の担当教員だった吉田達也さんが健在で、こう教えてくれた。

「社会を勉強するとはどういうことじゃろうか。もちろん教科書もありませんので、暗中模索でしたね。そして子どもたちの自主性だけでなく、小学校の中での男女平等の意識も大田さんは植えつけてくれました」

地域を巻き込んだ新しく実験的な教育内容は注目を集め、「本郷地域教育計画」と称されるようになる。大田さん自身、教育学をさらに深めるため、文部省在外研究員としてイギリス留学するなどの研鑽を積んでいく。

しかし、民主主義教育の「あけぼの」は永くは続かなかった。一九五〇年に朝鮮戦争が勃発し、日本は警察予備隊を結成、いわゆる逆コースをたどっていく。自主性を重んじていた教育も指導要領に沿ったやり方が奨励されるようになっていった。

それでも大田さんは、教育は「生命の持続のための社会の基本機能」と考え、一貫してその重要性と在り方を問い続けた。東大で教鞭をとるようになり、教育学部長にもなるが、時の権力とは一線を画した。子どもの未来には私費を投じることを厭わず、故郷本郷には、ほんごう子ども図書館を開き、中国興隆県にも子ども図書館を寄贈している。

私は大田さんの家に通い詰め逢瀬を重ねた。大田さんのひとつひとつの言葉はまるで宝石箱から出て来たように輝いており、その強度に打たれた。

「教育というのは、パブリックのもので、道路と同じなんです。みんなが世話しないといけないの。パブリックはみんなのものなんだ。民主主義の根本原理ですから、しっかりと定着させないといけない」

「子どもが自己表現をして、自分を育てていくという根本的な自発性があるはず。そこを大事にする」「一人一人の人間が持つ、自らを変えていく力。そういうものが軸なんです」

国家が個人を操り自主性を取り上げてしまった戦前の教育への怒り。それが大田さんのリベラルな教育理念を支え続けていた。

最晩年の大田さんについて相馬さんは、「亡くなる間際まで、日中関係を憂いながら戦争のない平和な社会を願っていました」と教えてくれた。最後の著書となった『百歳の遺言』（二〇一八年、藤原書店）に、どうしても次の一文を加えたかったが、印刷には間に合わなかったため、初版本に一枚のカードを添えることになったという。

大田堯さん、学習会で若い人たちと

—私のいのち—

一九四二年ヒロシマ部隊に入隊。南方最前線へ送られた。被爆を辛くも免れるものの、米国潜水艦により、乗船が撃沈され、三六時間南海に漂う。

願わくば、この世界の、核を含むあらゆる武器を棄却、ひたすら人民《ピープル》自治による平和を祈ります。

あの時代に後戻りしてはいけない。個人が国家の道具になってはいけない。華奢な外見とは裏腹の力強い信念。心身で戦争の本質を知った骨太の教育者の喪失はあまりにも大きい。

大田さんの言葉と行動は、私たちをとりまく社会そのものへの問い直しだった。そして、大田さんは本気で未来を見据え、子どもを心から信じていた。私は、ため息をつき、途方に暮れながらも、大田さんのメッセージを直に受け取ったひとりとして、少しでもその精神を実践できたらと思っている。民主主義を信じながら、次世代に何を伝えていくべきか、しっかりと考えていこう。

第12話 ドナルド・キーン

（日本文学・日本文化研究の第一人者）

少年のような、それでいて鋭く

2002年10月、東京都の自宅にて
原典：Flickr photo Donald Keene at his Tokyo home

ドナルド・キーン
1922年－2019年2月。米国・ニューヨーク生まれ。2012年日本国籍を取得。コロンビア大学、同大学院、ケンブリッジ大学を経て、1953年に京都大学大学院に留学。コロンビア大学等名誉教授。勲二等旭日重光章、文化功労者、文化勲章、菊池寛賞など受賞多数。主な著書に『日本人の西洋発見』『日本との出会い』『百代の過客』『日本文学史』『明治天皇』『ドナルド・キーン自伝』ほか多数。

「私の仕事は『日本文学は世界文学である』と証明すること」と語り続け、日本と欧米の分厚い壁を、文学評論によってぶち破り、太い鎖で繋いだ知の巨人がドナルド・キーンさんである。しかし彼が見つめたのは、日本文学のみならず、日本人そのものだったことはあまり知られていないかもしれない。最後の最後まで日本人のことを問い続けた生涯だった。

キーンさんとの出会いはさほど古くはなく、五年ほど前のことである。当時私は、戦時中に「従軍作家」として国民的な人気を誇った火野葦平の生涯について調べており、関係者の取材を続けていた。しかし、没後五十数年が経過した中、火野を生身で知る人は極めて少なかった。そのような状況下で、是が非でも話を聞きたいと思ったのが、キーンさんだった。

実際の戦場で一兵卒として戦いながら綴った『麦と兵隊』など「兵隊三部作」で一躍国民的作家となり、戦後は『花と龍』を筆頭とする任侠ものを得意とした鉄火肌の火野と、『源氏物語』などの古典から谷崎や川端ら日本文学正統派の研究者のキーンさん。外見上、両者は接点がないようにも思えるのだが、二人は、かなり近しい交流をしていた。火野は、一九五八年にアメリカ国務省の招待で渡米しているのだが、その時、ニューヨークで彼をアテンドしたのがキーンさんだったのだ。

先輩がちょうどキーンさんを取材していたこともあり、連絡はスムーズにつき、「火野さんのことなら、喜んで話をしましょう」との伝言が届いた。かくして、私は東京北区にある彼の自宅を訪ねることになったのである。

玄関先で私を迎えてくれたのが、養子の誠己《せいき》さんである。キーンさんは二〇一一年の東日本大震災後、被災地で懸命に生きる人々の姿に打たれ、「日本人が好きです。日本人として死にたい」と発言し、日本永住の決意が報じられたことは多くの人々の記憶に刻まれているだろう。翌年に日本国籍を獲得し、数年来の交流があった浄瑠璃三味線奏者の誠己さんと養子縁組をしていた。

自宅はマンションなので西洋風の間取りだが、一歩入った時からこちらを包み込む柔らかな空気が漂っていた。炊かれていた香か、それとも和の調度が起因するのか、緊張のあまり、周囲の観察すらできていなかったが、心地の良さにを感じていたのは確かである。誠己さんに導かれるように恐る恐る奥の書斎に入ると、そこにレジェンドがいた。こちらの心中の強張りを見抜いたであろうキーンさんは、穏やかな笑顔で迎え入れてくれた。ビーズのような透き通った、そして少年のような輝きをたたえたまなざしに、私は安堵が全身に広がるのを実感する。でも、眼光の奥に人を射るような鋭さが入り混じっていることにも気づかされていた。

「ようこそ、いらっしゃいました」

発せられたのは、イメージしていた通りの優しい口調の日本語だった。

実は私がキーンさんを個人的に強く意識するようになったのは、十五年ほど前のことだった。当時私は、太平洋の島々で戦う日本軍の将兵が、戦闘の合間に綴った日記や家族にあてた書簡をもとにドキュメンタリー番組を作っていた。彼らが戦場で倒れると、それらの手紙や日記の多くは、米軍によって持ち帰られ、英訳されて日本軍の情報分析に使われた。翻訳を担ったのは日本語が得意な情報士官たちである。キーンさんは、その中のひとりだった。

コロンビア大学に通っていた十八歳の時に「源氏物語」の英訳本に出会い、その雅びな世界に魅了されたというキーンさん。太平洋戦争開戦後、米海軍日本語学校に入学、十一カ月にわたって日本語を学び、日本軍に関する書類の翻訳、日本兵の日記や書簡類を読解する情報士官になった。今思い返すと、この番組を作った時にキーンさんに話を聞くべきだったが、会うことなど叶わないだろうと自己暗示に陥り、どうせ無理だと自主規制をかけ連絡すらしなかった。自分の枠の狭さにため息がでるばかりだ。

戦時中、キーンさんは日本語が堪能だったため、通訳として前線に駆り出されることもあった。日本軍の玉砕で知られるアッツ島の戦いもそのひとつだ。仲間とともに、島を歩いている時に遭遇したのが、集団自決をした日本の将兵たちの亡骸だった。どうしてなんだ？　根底からの疑問がキーンさんの中に湧きあがったという。

その後も、フィリピンレイテ、沖縄戦と大きな戦いに参じていた。沖縄では日本軍捕虜の通訳官を務めた。これらの体験から、キーンさんは、「日本人にとって戦争とは、そして命とは何か」という問いを深めていったという。

戦後は、身につけた日本語をさらに探求しようと、コロンビア大学に復学、大学院では日本文学を専攻した。その後の二年間の日本留学で、川端康成、谷崎潤一郎、三島由紀夫、石川淳、大岡昇平ら日本文学の泰斗と知己を得る。帰国後、キーンさんはコロンビア大学で教鞭をとることとなったのだが、そんな時にニューヨークを訪れたのが火野葦平だった。

「火野さんは初めてのニューヨークで、いろんなものに驚き、消火栓ひとつ見ても、『これは何だ』とか、広告を見ても何が書いてあるのか、ひとつひとつ私に質問してきましたね。新しい体験を喜んでいました。火野さんは文学について、何かを得たいと思っていたのでしょう。街を歩きおもしろがっていましたね。楽しそうで私にもとても親切でした」

キーンさんは、誠己さんが用意した茶に手もつけずに、火野について楽しそうに語ってくれた。火野と一緒にフランス料理店に行ったことが深い印象となっていた。

「メニューがすべてフランス語なんです。それで火野さんは、私に『全部訳してください』というのです。だから全部訳してあげました」

出てきたスープを滝のような音をたてて飲む火野に、キーンさんは周囲の目が気になり身のすくむ思いだったそうだ。そしてしばらくしてそんなプチブル意識に支配されていた自分の狭さを恥じたという。

火野は日本に帰国して二年後、自ら命をたった。火野の自死を語る時、キーンさんの少年のようなまなざしはくもり、その悲しみの深さを伝えた。

「私が会った時、火野さんは元気で、落ち込んだ様子はまったくありませんでした。まさか、火野さんが二年後にああいうことになるなんて、まったく思いもしませんでした」

そう語るとキーンさんは、軽くため息をついた。ゆったりと、慎重に日本語を選びながら話をする姿に、言葉への慈しみと、正確に物事を伝えようとする誠実を感じた。

火野をめぐる拙著『戦場で書く』（ＮＨＫ出版）が完成し、すぐにキーンさんに送った。誠己さんのブログで、その本を読みふけるキーンさんの姿が紹介されているのを見た時は本当に嬉しく思った。誠己さんに再会した折に聞いたところ、「父は、ほんとに興味深く読んでましたね」と教えてくれた。ありがたいかぎりである。

生涯にわたって「日本人とは何か」を問い続けたキーンさん。美辞麗句は並べず、好きであるからこその苦言もあった。ある著書にこう記している。

言っておきたいことは、日本が立派な大国になったと世界的に認められても、日本はあまりいばらないほうが好いということである。目下、東南アジア人に日本文化のあらゆるものが好かれているのは、優秀であるからではなく、日本が敗戦したためでもあるといえよう。

（『日本との出会い』より）

晩年になって、キーンさんの日本人に対する危機意識は強まっていた。日本国籍を取得したのも、アメリカ人としてではなく、日本人として責任をもって発言すべきだという思いもあったという。「近年の日本は、戦後つみあげてきた平和への意識をみずから放棄しているのではないか」。知人にあてたメールには、日本が戦争の教訓を徐々に忘れていると指摘、日本の行く先を憂いていたこともあとになって知った。

結局、初対面が最後の対面になってしまった。

これから私たちはどのように進んでいくべきなのか、何をすべきなのか。キーンさん本人からもっといろんなことを聞くべきだったと後悔ばかりが募ってくる。

新型コロナウイルスの脅威が広まり始めた二〇二〇年二月、キーンさんの初めての命日を迎えた。同日、キーンさんを顕彰する「黄犬（キーン）忌」が新宿紀伊国屋ホールで開催された。壇上に誠己さんが登場し、キーンさんの最晩年の姿を語った。ユーモアを絶やさず、九十三歳頃までは平気で夜中の一時頃までは書斎にこもって執筆や読書に勤しんでいたという。その後、作家の平野啓一郎さんと日本文学研究家のロバート・キャンベルさんが登壇、故人を偲んで対談をした。多岐にわたる話の展開に、キーンさんの仕事そのものが分厚いひとつの世界を構築していたことを再実感させられた。

誠己さんが中核となって「ドナルド・キーン記念財団」が近日結成され、国内外の研究者たちの支援にあたるという。

ロビーには、大きく引き伸ばされたキーンさんの笑顔があった。取材の時と同じ両眼がこちらを射てきた。限りなく優しいまなざしの奥にある鋭い光は、同調圧力や忖度が進展し、どんどん硬直化する日本に対する怒りの炎＝パトスの現れのように思えてならなかった。

第13話

新井 英一

（コリアンジャパニーズの歌手）

国境を越えたブルース

新井英一さん

あらい・えいいち
1950 年 3 月、福岡県生まれ。21 歳で渡米し、放浪生活の中で歌手を志し独学で歌作りを始める。帰国後、アルバム『馬耳東風』（1979 年）でデビュー。『清河への道～ 48 番』（1995 年）で第 37 回日本レコード大賞「アルバム大賞」を受賞。日本を始め米国カーネギーホールやパリでもライブを開催し、2002 年には韓国ツアーが実現。

震えるような哀歌は胸の奥深くにドシッと入りこみ、心を揺さぶり動かす。脳裏には牧歌的な光景と今は亡き人々が浮かびあがり、郷愁を誘われてしまったかのようである。歌声は荒々しいのだが、どこまでも切なく、気づくと私の頬には涙が伝っていた。

歌手、新井英一、七十になる。新型コロナ禍で予定されていた全国各地のライブは軒並み中止に追い込まれたが、新曲作りなどコロナ収束後に向けて地道な活動を続けている。

新井さんは自分のルーツにこだわり、それを音楽に刻みつけている。コンサートで常に披露する代表曲『清河への道』は、「アジアの大地が見たくって、俺はひとり旅に出た。玄界灘を船で越え、釜山の港を前にして夜が明けるのを待っていた」という道行きの描写で始まり、自身の胸中の吐露に繋がっていく。

「ここが親父のふるさとと、思えば道行く人たちの、顔がなにやらなつかしい」

故郷探しと望郷が、歌手、新井英一の根源を支えていた。

私が最初に新井さんを知ったのは、二〇〇五年のことだ。テレビディレクターの師匠として私淑していた福岡の民放RKB毎日放送の木村栄文さんの家を訪ねた時、机にあったのが新井さんのCDだった。恩師にこのことを問わなかったが、こちらを睨みつけるようなジャケット写真の面構えが印象に残った。なんで栄文さんのところに新井さんのCDだったのかはその後しばらくたってわかるのだが、それは後述することにしよう。

「こんな力強い歌手が日本にもいるんだよ」

奇遇にもそれから間もなく友人が勧めてきたのが新井さんの音楽だった。私は栄文さんの家で見た顔写真がジャケットのCDを入手した。全面にあふれていたのは故郷喪失者・ディアスポラの悲しみだった。そして『清河への道』に驚かされた。歌はなんと四八番まで続くのだから。何よりも圧倒的な歌唱力に魅了された。私は直後に韓国に撮影に行ったのだが、ポータブルMDに『清河への道』をコピーし、道中それを聴きながら新井さんとの擬似一体感を味わった。そんな経緯から私はいつか新井さん本人に会ってみたいと思うようになっていた。

ようやくそれが実現したのは、二〇一九年の初夏である。ライブのために新井さんは福岡に来たのだが、その合間に会えることになったのだ。滅多にない機会を利用し、福岡のニュース企画のために新井さんにインタビューをすることにした。待ち合わせたのは博多吉塚の何気ない駐車場だった。そこは彼の育った自宅の跡地だった。

アスリートのように引き締まった長身痩躯。そのまなざしは、憂いと強烈な力強さをたたえていた。

吉塚は昔ながらの市場が残る庶民的な下町である。敗戦直後の動乱の時代、博多港からほど近いこの界隈には、故郷に戻る夢を抱いた朝鮮半島出身の人々が多く暮らしていた。新井さんは、朝鮮戦争が勃発した一九五〇年、在日コリアンの家庭に生まれた。

家は貧しかった。病弱な父にかわって廃品回収業を営み、家計を支えたのは日本と朝鮮のダブルだった母・好子さんだった。駐められた車はまばらで人気もない駐車場で、新井さんは母の手助けのためにやっていた「鉄くず集め」について語り始めた。

「小学校に登校する時に、U型の磁石に紐をつけて引いて行くと、鉄が磁石にペタペタついている。鉄の中に銅とかが混じっているから、しゃがみこんで外したりしました。家の周りには鉄くずが山積んであり、そこにどんどんと足していく。ある程度たまると、北九州の八幡製鉄とかに売りに行くんです。同級生の女の子なんかを見かけたら、咄嗟に隠れたもんね。見つかったら格好悪いからね」

そんな暮らしを続けながらも、夢見たのは歌手になることだった。

しかし、小学六年のころ、新井さんの生き方を揺さぶる事件が起きる。母・好子さんが盗品の電線を誤って買い取り、逮捕されたのだ。この事件を扱った新聞記事が、新井さんを追い込んだ。好子さんは、普段使っている日本の通名でなく朝鮮名で報じられたのである。小学校での差別が始まった。

「石を投げられたりとかしました。最初は悔しくてね。なんで俺はこんなにやられなきゃいけないのかと思いました」

その時のことを新井さんは『清河への道』の歌詞の一節にしている。「それから学校行ったなら、誰もが俺見て逃げてった。一緒に遊ぼうと思っても、のけ者にされてしまうだけ」。そしてこう続く。「初めて言われた朝鮮人」。

「事件のあと、遊んでくれるのは不良の奴らしかいないんだ。同じような境遇の不良同士、仲良くなる。そしてどんどんワルになっていくわけよ」

すさんでいく新井さんの心を支えたのは母の好子さんだった。

「『お前だったら歌手に絶対になれる』って言って、馬鹿にしなかった。やっぱり勇気づけてくれたのがおふくろだったね」

吉塚を一刻も早く出たい。アメリカに行って音楽をやりたい。そんな気持ちだけが少年の中に募っていった。中学を卒業しないまま、神戸、そして基地の街岩国に流れ、米兵相手のバーテンダーとなった。二十一歳で移民船「ブラジル丸」でカリフォルニアにわたり、米軍基地のクラブに住み込み働いた。帰国後、ロック歌手内田裕也に見出され、二十九歳でレコードデビューを果たす。アルバム「馬耳東風」は一部の玄人筋に高い評価を受けたが、思うようなヒットにはつながらず、新井さんは渋谷のクラブで弾き語りのバイトを続け、口を糊した。

そして三年ほどで福岡に戻ることを決意する。

「やはり母の近くにいて、面倒をみようと思ったんだ。子どもも小さかったから、山や川がある環境で育てたかった」

日中は肉体労働をして、夜は中洲のクラブで弾き語りをした。しかし、わずか一年半で不幸が襲いかかる。好子さんが蜘蛛膜下出血のため六十歳の若さで亡くなったのだ。死の直前に好子さんは、ある一言を息子に残していた。「お前に韓国を見せたい。お父さんのふるさとを見せたい」。まだ見ぬ父の故郷。どんなところか強い興味が湧いていた。

「でもこの時は、自分の生活をどうしたらいいかで頭が一杯で、韓国に行くどころではなかったね」

新井さんは家族を連れて再び上京し、世田谷三軒茶屋のアパートに暮らし始めた。あらたに講習を受けて始めたのが高所鳶である。地上四十階のエレベーターや高層ビルのヘリパッドの建設現場などを引き受けた。危険なだけに実入りはよかった。そのかたわらで夜の弾き語りは続けた。

「半分はコピーだったけど、半分はこだわって、自分のオリジナルで勝負していたんだ」

そんな折に妻が妊娠した。三人目の子どもである。歌で食っていくか、やめて違う仕事で家族を食わせるのか。選択を突きつけられた。

「ダラダラやっていても仕方がない。ここで決断しないといけないと思ったね」

そんな時、新井さんの中でリフレインしたのは母の声だった。「お前に韓国を見せたい」。

「その言葉がすごく俺に残っていてね。やっぱり自分のルーツは見なきゃ駄目だと決意した」

新井さんは三十六歳にして初めて海峡を船でわたった。まずは釜山に上陸し、そこから東海岸を北上して父の故郷の清河を訪れた。

「やっぱり来てよかった、と思った。俺を包み込む空気があったかかった。言葉はまったくわからなかったけど、出会う人たちの表情が心地よかったね」

何かに自分は後押しされている。新井さんの中に希望が芽生えていた。

「清河に行ってからね、自分のルーツがここだとはっきりとわかりました。そして俺は思いっきり歌をやるぞ、という気持ちが湧き上った。ご先祖が集まって応援していると実感したし、迷いはまったくなくなっていた」

帰国後、ライブ活動を中心にするため、酒場の弾き語りをやめた。地道な活動が実り、全

父親の故郷である清河を訪れた新井英一さん
（2009.10）

国にネットワークが広がっていく。そして訪韓を源泉として四年越しで作られたのが『清河への道』だった。

「ある時、わーっと湧き出したんだ」

歌は評判になったが、一九九四年の年末、決定的な幸運に巡りあった。

「懇意にしていた民放のRKB毎日放送のプロデューサーから連絡があってね」

話を聞きながら、私はドキッとした。ひょっとして。まさか。

「そのプロデューサーは誰ですか？」

「木村栄文さんだよ」

思わぬところで師匠の名前が出てきて私の心臓は文字通り高鳴っていた。栄文さんの机の上にあった新井さんのCDジャケットが脳裏に浮かぶ。今は亡き恩師が私と新井さんの距離を急速に近づけていた。

栄文さんに呼ばれ福岡に赴いた新井さんは、RKB毎日で『清河への道』を披露した。そこにいたのがキャスターの筑紫哲也さんだった。

「筑紫さんは、『初めて聞いたけど、いいなあ』と気に入ってくれた。その場で『ニュース番組のエンディングテーマに使いたいなあ』と言ってくれたんだ」

その言葉通り、『清河への道』はTBSの「NEWS23」のエンディングに三カ月にわたって使われた。

「栄文さんがいなかったら、筑紫さんに会えなかったし、筑紫さんに会えなかったら、あれだけの反響にはならなかったね」

『清河への道』はその年の日本レコード大賞のアルバム大賞を受けた。この時、新井さんは四十五歳。

「だから俺の本当のデビューは四十五歳です。レコードを最初に出した二十九歳ではない。本当にそう思っています」。

「俺にとって、栄文さんはすごい存在なんだ。いろんな人に巡り会わせてくれてね。こうしてあなたとも出会わせてくれた」。私も思わずうなってしまった。「うーん、本当ですね」。恩師・栄文さんの笑顔が浮かんだ。ニヤッとウィンクして一瞬で消えた。

インタビューを終えて数時間後、新井は福岡中心部にあるコンサートホールでライブに臨んでいた。この日は、『死んだ男の残したものは』や『アムステルダム』などの名曲のカバーも交え十数曲を歌いきった。圧巻だったのは、クライマックスで歌った『清河への道』だった。歌声は、烈風のように、私の胸を強く圧し、そして強いウオッカのように、臓腑を燃やした。やがて思考は止まり、玄界灘の荒波が眼前に浮かび上っていた。

作家の辺見庸さんは、『新・屈せざる者たち』にこう記している。

「この男が歌いだすと、そこがどこだろうと満目無辺際《まんもくむへんさい》の曠野と化す。あるいは夜、無人の船渠《ドック》。場所はいつだって辺土である。声に潮の香りがにじんでいる。草いきれがする。汗のにおいもする。獣のにおいも。（中略）新井英一の歌に国籍はない。分類無用の、魂の歌である」

時空を超えたブルースから、私の魂が生きる滋養を受けていたことを、いま痛感している。

今年、新井さんは「四五歳のデビュー」から節目の四半世紀となる。ポストコロナの時代に、どんな魂の歌をこれから聞かせてくれるのだろう。

第14話

檀一 雄

（“最後の無頼派文士”、直木賞作家）

見えない糸

だん・かずお

1912年2月～1976年1月。東京帝国大学経済学部卒。山梨県生まれ。父の本籍地である福岡県柳川市に移り、以降も東京、栃木などを転々とする。小説家。私小説や歴史小説、料理の本などで知られる。1951年、『真説石川五右衛門』『長恨歌』で直木賞受賞。遺作となった『火宅の人』は没後に読売文学賞と日本文学大賞を受賞。女優の檀ふみは長女、エッセイストの檀太郎は長男。

檀一雄さん（檀ふみさん提供）

四年前に長崎に転勤になった時、九州ゆかりの作家をセレクトして運び込んだ。遠藤周作、大西巨人、石牟礼道子、渡辺京二、森崎和江、上野英信、エトセトラ、エトセトラ。でも、書棚に飾ったものの、その著作群を開くことを己に禁じた作家がひとりだけいた。

檀一雄。福岡と深い繋がりを持つ「無頼派」作家である。私は十数年前にも福岡に暮らしていたのだが、その時に檀の世界に初めて触れ、数冊を一気に読破していた。

衝撃的な出会いだった。行間から漂ってきたのは、甘美な香り。花園に迷い込んだ気分に浸っているうちに、その世界から抜け出せなくなっていた。ただひたすら、檀しか読みたくないのである。そんなこともあり、長崎の地で、檀の本をちょっとでも開くと、禁断の香りに包まれて、眼前の豊穣な歴史を持つ社会に目を向けることができなくなるのではないかと恐れた。こうして、私は檀一雄を封印し、長崎の一年は過ぎていった。

しかし、檀は簡単に消え去っていなかった。私は、長崎から福岡に転勤になったのだが、思い返せば、すでにその瞬間から檀の放った運命の糸にたぐり寄せられていたのだ。

福岡で居住地に定めようと思いついたのは、博多湾に浮かぶ島・能古島だった。島でありながらも、辛うじてではあるが福岡中心部への通勤圏である。長崎で屈指の歓楽街銅座の雑居ビルの一室に暮らし、夜通し続く酔客のノイズに飽いた挙句に海が見たいと思ったのが直裁的理由だが、潜在的には別の理由があることをこの時は迂闊にも気づかなかった。結局、島には適当な物件は見つからず、糸島半島近くの海沿いの町・長垂海岸に暮らすことになった。しかし、能古島を諦めたにもかかわらず、またしても眼前の博多湾にあらわれたのは、能古島そのものだった。ザワッとした心持ちを抱いたが、その意味を問うことなく、輝くコバルトブルーの海への憧憬にひたり数カ月をのほほんと過ごした。ある夕暮れに、茜色に染まった能古島をのんびりと眺めている際にハッとした。私が能古島に引かれた潜在的理由がわかったのだ。能古島は、檀一雄の終の棲家だった。私は檀に知らず知らずに導かれていたのである。

そして私は周囲の地形が能古と呼応して興味深い形状を織りなしていることに気づいた。右腕のようにのびるのは海の中道と志賀島、左腕のようにのびるのは糸島半島。広げた両腕にすっぽりと抱えられるように能古島はあったのだ。まるで母に抱《だ》かれる赤子のように。博多湾は、能古を育む羊水のようにも思えてきた。檀がそんなことを考えたかどうかは定かではない。

封印を一気に解きはなった。私は埃をかぶっていた檀作品を取り出し、再読を始めた。そして、檀ゆかりの土地を訪ねることにした。まず手に取ったのが『リツ子 その死』である。敗戦直後の混乱期に檀が妻と長男と暮らした糸島の「小田」という集落が舞台だが、我が家からわずか二十分ほどの所にあることがわかった。そこに赴き、檀一家が居候し、妻律子さんが息を引き取ったという家を訪問した。作品にも出てくる人物の親族にも出会い、檀にまつわる話を聞いた。

不思議なことに、檀を巡って奇縁は連鎖していく。檀のドキュメンタリー映画を作りたいというポルトガル・サンタクルス出身の青年と博多の居酒屋で知己となり、片言の英語で朝方まで檀の魅力を語り合ったこともある。檀のサンタクルス時代にフォーカスをあてたテレビドキュメント『むかし男ありけり』も見返した。畏敬するＲＫＢ毎日放送のディレクター木村栄文さんが制作したものである。檀の足跡をたどる高倉健さんがだんだんと檀そのものに憑依していく様は何度見ても圧巻である。

むろん能古島にも赴いた。夕暮れ時に島の中央の高台にある展望台にのぼったのだが、糸島西浦の方向に夕日が沈み、あたり一帯が残照で眩しかった。ハッとさせられた。黄金色に輝く中心が、檀が敗戦直後に暮らしていた小田だったのだ。偶然にしてはできすぎである。

檀が随筆集『蘆の髄から』に〈能古の山頂から、四方を眺めまわすと、私の生涯のほとんど全部の出来事が、ハッキリと指さしながら点検できる〉と書いていることを後日、友人から教わり、合点がいった。偶然ではないのだ。檀は忘れ得ぬ愛しき場所がいつでも見える所を終の住処に選んだのである。

日々、マンションのベランダの外に浮かびあがる能古島を見る度に檀のことを想うようになった。そしていつも檀に見つめられているような錯覚を抱くようになった。まるで離れた場所の片思いの人にジリジリと恋い焦がれるナイーブな少年の心情のようで、ちょっと照れくさい。

福岡の生活は二年にわたったが、そのエンディングに私が訪ねたのは、檀の原点ともいうべき柳川である。檀に関係する場所場所を訪ねて、彼が愛した有明の海の幸を堪能した。菩提寺である福厳寺に行った折には、斜になった初夏の陽が煉瓦色の墓をさらに赤く染めあげていた。手を合わせながら、私が思いを寄せたのは、檀の最晩年だった。

風来坊のようにポルトガルのサンタクルスなどを流浪し、能古島を終の住処と定め暮らし始めた時、檀はすでに不治の病に侵されていた。知り合いの医師を訪れた折に見つかった肺がんは、肋骨にまで転移していた。入院することになったのが福岡市箱崎にある九州大学病院である。

重篤にもかかわらず、病床の檀は、ひとつの作品を完成させようという思いにあふれていた。『火宅の人』である。主人公は、檀をそのままコピーした桂一雄。家族を捨てて、女優恵子との愛欲の日々を綴った禁断の私小説だ。一九五五年から書き始められ、完成に近づいていたが、体調悪化などもあり、四年間にわたって中断しており、最終章だけが残されていた。未着手だったのは、恵子との離別だった。父の強い思いを痛感した長男の太郎さんは、「とにかく目的を持った方が生きていくモチベーションがたかまる」と判断、出版社に連絡をとった。一九七五年八月七日、寝返りをうつのも難儀な状態の中、檀は東京から来た編集者を相手に口述筆記を開始する。

この時の録音をもういちど聞いてみたいと思った。柳川から福岡に戻った私は、先輩ディレクター片島紀男が作ったＮＨＫ特集『命もえつきる時～作家檀一雄の最期～』を見返した。番組のサブタイトルそのままに檀の九大病院での日々をドキュメントしたもので、そこには口述筆記の音声が使われていたのである。

思いの外、明るい檀の肉声。初日の口述はこんな風に始まっている。

「誰からともなく恵子からの伝言があった。伝言の趣旨は『まだ少し荷物が残っているから受取りに来て下さい』」

遠くで汽笛が響いている。九大病院の近くに鹿児島本線の引き込み線と操車場があるのでそこを出入りする貨物列車のものと思われた。

「一体何の荷物が残っているのか。私はしきりにいぶかしかった。いぶかしいというよりは狼狽した」

檀はひとつひとつの単語を吟味するように発音していた。初日はかなりはかどったようで、原稿用紙十枚を書きあげたという。しかし、二日目は不調で原稿用紙二枚目で中止となった。頭の働きがにぶると判断した檀は、麻薬系の痛み止めは打たずにいた。とうぜん激しい痛みが襲い続けていたに違いない。三日目は福岡を豪雨が襲いかかったようで、その雨音が録音テープからリアルに聞こえていた。この日、病室を娘のふみさんが見舞いに来ていた。

四日目の口述筆記は、檀の内面描写も含まれていた。「何ものにも捉われるな！　これこそ充実した生命の誘導を点火。並びに自分自身の思う存分の自我道」、そう語った檀は編集者に対して「あ、自我道のあとにクエスチョンマークをいれてください」と付け加える。救急車の音が聞こえる。誰かが室内で手を洗う水音がする。言葉の空白が初日に比べて長くなっていることから、檀の病状が悪化していることがうかがわれた。「夏は終わった、畜生、夏は終わった」、「アハハ、夏は終わった。さよう、世の有様の」と檀は振り絞るように口述している最中、巡回に来た女性の看護師の声が交じる。「点滴ですね、お昼過ぎに来ますから」。文壇の巨匠も、ひとりの患者に過ぎない現実がなまなましく伝わってくる。

死の影が忍びよる中、病臥した檀はどのような世界を紡いだのかを確かめたくなり、私は『火宅の人』最終章「キリギリス」を読み返してみた。

女優やバーのマダム、映画評論家などと派手な交遊を繰り返してきた桂だが、五十を越え、「現実の女性は悉く訣別」していた。しかし妻のもとにも帰ることができず、東京神楽坂の連れ込み宿を長期で借り上げ、悶々としている。彼を取り囲むのは大量発生したゴキブリくらいなものだった。

読んでいくうちに、そのいかがわしい安宿の晩夏の日々を描きつつも、檀は自身の生命を根源から見つめ直していたのだと気づかされる。九月になり桂の安宿に一匹のキリギリスが舞い込むのだが、その「夜気を震わす思いつめた声」を聴きながら桂は、こう内省する。

「生滅というものがそもそも何であるか。このキリギリスは、その無残をよく知っていて私にまっすぐに語りかけてくる心地がする。」

あっ、と思った。九大病院の近くは今でも低木の生い茂る野原が多い。檀は、病床に横たわりながら遠くから聞こえるキリギリスの声を聞いたか、想像していたのではないか。キリギリスで鳴くのはオスだけである。羽と羽をこすりあわせて出す鳴き声は、メスを呼びよせるためだという。一匹のキリギリスに檀は自分自身を重ねあわせていたに違いない。まもなく死を迎える檀の孤独と寂寥が、ひしひしと胸に迫ってきた。

八月十一日、いよいよ原稿は最終部に差しかかっていた。檀の声が病室に響く。「私は、ゴキブリの這い廻る……酔い痴れの妄想を拡げてる」、ここまで文章を語った檀は、一瞬の間をあけてこう言った。「ここで終わりにしたいんですよ」。

その後、数日にわたって補足部分の口述筆記を続けた檀は、八月十六日、十日目にして『火宅の人』を完成させた。擱筆《かくひつ》して三カ月後、『火宅の人』は出版されたが、その直後、檀はこの世を去った。

命を差し出してまで書き続けた檀の作家としての強い執念にただただ打ちのめされる。あらためて、なぜ私は檀に惹かれるのだろうと自問する。答えはすぐには浮かばない。狂おしいまで人間くさく、ある種〝ダメ男〟で、そして愛にあふれ、強欲なまでに表現者でいる。そんな多面体の檀の一部を切り取って語ろうとすることなど不可能にも思える。でも病室で末期に撮影された檀の写真にヒントがあるような気がした。すっかりと痩せ細ってしまった表情でも双眼だけは人懐っこく、その奥にはギラギラとした強い炎が見えた。それは絶対に己を曲げないぞという強い意志の権化に思えてならなかった。

世間体など気にすることなく、無邪気に、天然の旅情に従い生き抜いた檀一雄。私は、檀の徹底的に自分であり続けた姿に魅了されていたのだ。

二〇一九年夏、三年間の九州生活にピリオドを打ったのだが、東京へと向かう前に脳裏に浮かんだのは檀への切なる思いである。封印したものの、知らず知らずと導かれ、その足跡を根本から末期までたどってしまった作家檀一雄。私の三年は檀から放たれた見えない糸に絡みとられたものだったと痛感した。

檀をめぐる旅は、今後も続くことだろう。引っ越しの支度の合間にベランダに出て、博多湾を見つめると、夏の日差しを受けた能古島は、コバルトブルーに囲まれ、屹立していた。波の音が耳から入り、私の心臓に到達した。

第15話

田畑 ヨシ

（田老の二度の津波を語り継ぐ絵本作家）

大津波と万里の長城

たばた・よし　東日本大震災の際、三陸宮古市田老で津波に遭ったが、一命を取り留める。３千人の命を奪った1933年の三陸大津波の怖さを忘れまいと、「つなみ」という紙芝居を制作、小学校を回って津波被災体験の語りを30年にわたって続けてきた。東日本大震災での津波は、万里の長城と呼ばれた堅固な堤防も乗り越えた。その後に作った紙芝居は、「つなみふたたび」だった。

自作の紙芝居を手にする田畑ヨシさん
（写真提供＝共同通信社）

万里の長城。

地元の人たちは、誇りをもって、海にせり出すX字の防潮堤をそう呼んだ。岩手県宮古市田老。高さ十メートル、全長は二千四百三十三メートルにおよぶ堤は、地域のシンボルだった。「これがあれば、津波が来ても大丈夫」と住民は思い疑わなかった。しかし九年前の東日本大震災の時、最大で十六・三メートルといわれる巨大津波は防潮堤を越え、その一部を破壊し、田老の街を襲った。田老だけでおよそ二百人の死者・行方不明者を出した。

私が初めてこの場所を訪ねたのは、震災の二カ月後のことだった。三陸沿岸の町を北上しながら取材していく中、最後の訪問地が田老だった。X字の防潮堤は五百メートルにわたって倒壊し、巨大なコンクリートの塊と化し廃墟のようで痛々しかった。堤の近くを歩いたが、人気もまばらで海風が冷たく感じられた。私は自分が闖入者《ちんにゅうしゃ》でしかないことをただ痛感し、わずかな滞在時間で、誰とも会話することなく田老を去った。ただ、傷ついた防潮堤の姿は残像のように私の脳裏に刻まれた。

それから二年後の二〇一三年、戦後日本の歩みを地方から探っていく「日本人は何をめざしてきたのか」というシリーズ番組の中で、東日本大震災と向き合った人々の姿を見つめることになった。三陸沿岸の何をテーマにすべきか考えた際に、私の中で蘇ったのは田老の防潮堤の残像である。海と接して暮らしてきた人々は、どんな歴史を歩んで来たのか。なぜ巨大な防潮堤が誕生したのか。震災直後は住民と交流できなかったが、今回は防潮堤への思いをしっかりと聞きたいと強く願った。

撮影を開始したのはその年の十一月だった。田老は三陸有数の漁業の町として知られ、沖合の海では、年間を通して豊富な魚介類が収獲されている。この時はちょうどアワビ漁が解禁になった「口あけ」のタイミングだった。

獲れるのは一日限定で、わずか三時間。朝五時に五十人の漁師たちがいっせいに沖を目指す。私も撮影クルーとともに漁船を借りて乗り出したのだが、海原に散らばった漁師たちは長い竿を使って次々とアワビを釣りあげていく。よく晴れていて、海が朝日に輝き眩しい。

田老の港に戻って、水揚げの現場でひとりの漁師と知り合いになった。扇田文雄さん。海と共に生きて半世紀になるベテランである。大量に獲れたアワビを前にこう語った。

「キロ一万円。今日は二十五キロとれたから、二十五万円になる。田老の海は宝と同じです」

話を聞くと、文雄さんの母親は、生涯で二度にわたって津波を経験していると教えてくれた。

さっそく家を訪問すると、九十一歳になる扇田チエさんが笑顔で迎えてくれた。彼女が最初の津波を体験したのは一九三三（昭和八）年のことだ。「昭和の三陸大津波」である。三月三日の早朝に岩手県釜石の沖合二百キロを震源としたマグニチュード八・一の地震が発生した。三陸一帯を大津波が襲い、およそ三千人の命を奪った。田老へは最大十メートルの津波が押し寄せ、市街地のほとんどを飲み込んだ。チエさんが助かったのは、地域の言い伝えが奏功したからである。

「津波が襲いかかって、あたりには白い煙がもうもうとあがっていた。命はてんでんこ（津波の時は一人でも高台に走って逃げろという意）で誰さも構わないで、なんぼ家族でも兄弟でも自分さえ生きればいいからっていうことで逃げたの」

その後、何人か昭和の津波を生き延びた老女たちに会うことになったが、チエさんと同様のことを語ってくれた人々がいる。九十六歳の赤沼ヨシさん（当時十五歳）は漁師の家に生まれたため、家は海から近かった。

「ほんと『津波てんでんこ』です。人さ、かまっていては助からない。すぐ、津波だったら山、高いとこさ逃げねば。家族でいち早く高台に避難した」

同じく「てんでんこ」の教えを守ったのが、八十八歳の田畑ヨシさんだ。田畑さんは、日頃祖父から、最大十五メートルの明治三陸大津波（一八九六年）の恐怖を聞かされていた。

「いつもおじいちゃんから『自分の命は自分で守るように、〝命はてんでんこ〟だからな。大きな地震が行けば、津波が来るんだから裏の山に逃げろよ』、と教わっていたもんです」

この時田老は、江戸時代の慶長十六年の津波など、有史以来、十数回の津波に襲われていた。

三陸の歴史は、大きな災禍との闘いの連続だったのだ。田畑さんは、昭和の津波で母を失っていたが、七人（祖父母、両親、叔母、妹二人、弟一人）もの親族をいっぺんに亡くした人がいた。扇田チエさんの同級生の荒谷アイさん（九十二歳）である。津波が襲って来た瞬間は彼女の記憶にはっきりと残っていた。

「話にならない。ゴーゴーという音。沖から波が押し寄せる音だべね。バリバリバリって家の壊れる音。よく助かったと思う」

昭和の津波で甚大な被害を受けた田老。犠牲者は、被災地の中で最も多い九百十一人にのぼり、「津波太郎」とも呼ばれるようになった。この時、復興策として国が推奨したのが、「高地への移転」だった。しかし、田老では多くの人々が恵み豊かな海で暮らしを立てていたため、たとえ危険だとわかっていても海岸から離れて暮らすことは難しかった。

そんな思いを誰よりも理解していたのが当時の関口松太郎村長だった。関口は、「漁師が高台に移っては仕事にならない」と言い切り、漁業関係者の暮らしを念頭に、津波の三日後には頑丈な堤を築くことを決意していた。その思いは実り、翌年、田老の町を包み込むような巨大な防潮堤の建設が始まった。この頃の田老の俯瞰写真が残されているのだが、早くもバラックながら海岸近くに家が建てられているのがわかる。田畑ヨシさんの家族も、祖父が船大工だったため、再び海の近くに戻り生活を始めた。

戦争をはさみ、実に二十四年の歳月をかけ、一九五八（昭和三三）年に陸側に向かってへの字にのびる巨大防潮堤（第二防潮堤）が竣工した。

この防潮堤がさっそくその二年後に全国的にクローズアップされることになる。一九六〇年五月、南米チリ沖で起きた地震による津波が翌日に日本へ到達し、三陸沿岸各地で五メートル以上の津波を記録した。チリ地震津波である。しかし、田老に襲いかかった波は低く、防潮堤には達しなかった。日本全体で死者・行方不明者は百四十二人、家屋の全半壊は約三千五百戸にのぼったが、田老は死者を出さなかった。防潮堤には出番がなかったのだが、当時の大手新聞の紙面を読むと、こんな見出しが目に飛び込んでくる。

「津波くじく防波堤　岩手県田老町町民が被災免れる」

テレビなどでも防潮堤が津波を防いだと報じられ、田老の防潮堤神話が一人歩きしていく。

当時の運輸省防災担当者にインタビューしたのだが、彼はこう語っている。

田老地区の防潮堤、東日本大震災では津波はこの堤防も乗り越えた
（撮影：Kihkyef）

「見事に田老の場合は効果を発揮したんだから、ああいうものを作ってもらえればいいな、急いで作って下さいという声は、大船渡でも釜石でも八戸でも行く場所場所でありました」

高度経済成長の時代。三陸沿岸各地で大型の防潮堤が次々と造成されていく。津波研究の専門家は、当時の状況をこう語る。

「津波は防潮堤で防げるものだというのが一気に広まったのです。学会あたりで津波の話をしても、お前はアホかと言われました。津波なんていうものは、防潮堤を作れば防げるんだから、と」

田老では、それからも海側に向かって逆への字の形の防潮堤（第一防潮堤）の建築が続けられ、一九七九年に最終的にすべてが完成した。こうして世界に類例のない規模のX字型の大防潮堤ができあがったのである。震災前の空撮を見ると、防潮堤の内側にはすぐ間近までびっしりと住宅が密集しているのがわかる。まさに住民たちはこの堤に命を預けたのだ。

田畑さんは防潮堤が完成した時の気持ちをこう語った。

「ほんとにいい堤防ができたもんだなと思いました。万里の長城みたいだな、ああ、田老はもう津波が来ても大丈夫だろう、と安心しました。私は住みながら、こんな町はどこにもない、自慢したいなと思ってね」

田畑さんのみならず、地域の人々にとって、巨大防潮堤は誇りだった。地元の小学校の校歌の歌詞にうたわれ、海外からの視察もあとを絶たなかったという。それでも津波の恐ろしさは田畑さんの脳裏に刻まれていた。「危機意識の薄れ」を感じ、昭和の大津波の被災体験をベースにした「つなみ」という紙芝居を防波堤完成の二年後に制作、岩手県内の小中学校を回って朗読するようになった。

「昭和の三陸大津波を体験した人も少なくなったと思い、体験者が津波の怖さを忘れている人たちに、とにかく子どもらには、伝えておかなければっていうような気持ちでした」

田畑さんは以来、津波被災体験の語り継ぎを三十年にわたって続けた。

そして迎えた運命の日。二〇一一年三月十一日。自衛隊が上空から撮った田老の映像を見ると、白い海水が軽々と防潮堤を越え、滝のように集落に注ぎ込む様子が記録されている。その時のことを住民に聞いたが、多くが共通した心構えだった。

「まさか、この防潮堤を越えて、津波が襲ってくるなんて、誰も思わなかったんじゃないですか」

津波は、海側の第一防潮堤を破壊し、第二防潮堤も越流した。

田畑さんの家も津波で壊されたが、命は取り留めた。田畑さんは、およそ八十年ぶりの人生二度目となる津波についてこう語る。

「いつかまた災害が忘れた頃にやってくると言いますがね、おじいさんも明治、昭和と二回あってるから、私も二回は遭いたくないなと、いつもその気持ちはありましたね。そしたらとうとう二度も遭ってしまいましたからね」

翌年、田畑さんは東日本大震災の体験をもとに「つなみ　ふたたび」という新作紙芝居を制作した。田畑さんは、弱々しい笑みを浮かべながら、こうはっきりと言い切った。

「これが生き残った私の責務だと思ったんです」

被災後は田老の家には住めなくなったため、長女の暮らす青森に引っ越した。

田老の人たちの貴重な証言をまとめた番組は、『三陸田老　大津波と〝万里の長城〟』というタイトルで二〇一四年一月に放送となった。

その後、田老には、崩壊しなかった第二防潮堤を利用した新たな堤防が完成し、浸水した地域は嵩上げがなされ、近所の山を崩し、海から一定の距離のところに住宅街が再建された。

震災から九年後の二〇二〇年三月十一日。よく晴れた昼下がりに、私は世田谷の喫茶店にいた。食事を食べ終えた時、時刻は二時四四分を刻んでいた。周囲の若者たちは、新型コロナウイルスの話題に熱中している。時の流れを感じながら、私は目を瞑った。

もうすぐ、震災発生から節目となる十年を迎える。

最後まで津波の怖さを若い人たちに語り続けた田畑さん、そして二度の津波に翻弄された扇田チエさん、荒谷アイさん、赤沼ヨシさんももはやこの世にいない。

海は、暮らしを支える愛すべき母であり、命を一瞬で奪う脅威でもある。田老で出会ったのは、恵みに感謝の念を抱きながらも何度も襲いかかる自然の脅威に対峙し続けてきた悲しみと諦念が入り交じった、複雑なまなざしだった。

第16話 李 鶴来

（訴え続ける韓国人元 BC 級戦犯）

哀しみに満ちた奥にあるものは

自宅での李鶴来さん（提供：有光健氏）

イ・ハンネ

1925 年、韓国全羅南道宝城郡生まれ。17 歳の時、日本軍軍属である捕虜監視員の募集に応じ、泰緬鉄道建設のために使役された捕虜の監視にあたる。戦後、戦犯に問われオーストラリア裁判で死刑判決（のち 20 年に減刑）。「日本人」として罪を負わされ、援護と補償は「外国人」として一切切り捨てられた。1955 年、同じ境遇の韓国・朝鮮人元ＢＣ級戦犯者とともに「同進会」を結成。以降一貫して日本政府の謝罪と補償を求め続けている。

こちらをじっと見すえる眼光は、歳を重ねたとはいえ、最初に会った時と同じように鋭く、そして瞳そのものは底深い哀しみをたたえていた。

「本当に長い戦いです。でも、なかなか思った結果にたどりつかない」

九十四歳がかかえる苦悩は深い。そして、彼に残された時間は長くはない。

李鶴来さん。もとBC級戦犯である。

私が李さんと最初に出会ったのは、二〇〇七年の秋に都内で開かれた小さな集会だった。「韓国朝鮮人BC級戦犯の現況を考える会」。壇上で来し方を語っていたのが李さんだった。辛うじて聞き取れるような震えるようなしゃがれ声だが、その話には翻弄された歴史への諦念と、現状をどうにか打破しようという祈念がこめられていた。この時私は初めて百四十八名もの朝鮮人がBC級戦犯に問われたという事実と、彼らの戦後の苦難を知った。

そもそもBC級戦犯とは、「通例の戦争犯罪」（B級戦争犯罪）と「人道に対する罪」（C級戦争犯罪）を犯したとして裁かれ、有罪となった者のことだ。「通例の戦争犯罪」とは、非人道的兵器の使用や捕虜の虐待、一般住民の殺人や虐待を禁じる戦時国際法に違反する行為をさす。「人道に対する罪」とは、残虐行為の中でも特に組織的かつ系統的に行われた行為を指し、李さんが問われたのは、「B級」にあたる戦犯戦時下の東南アジアでの捕虜虐待の責任だった。

壇上の彼が最後に訴えたのは、戦後六十年以上が経過しているのに一向に前進しない名誉回復と補償の問題だった。

「死んでいった仲間たちのためにも、最後の最後まで戦い続けるつもりです。だからね、簡単には死ぬことはできない。まだまだやることは多いのです」

壇上でのスピーチは悲痛に満ちていた。小柄で華奢な体躯の李さんの悲しげなまなざしが深く印象に刻み込まれた。

彼の半生をもっと知りたい。そこには朝鮮人BC級戦犯の真相が凝縮しているに違いない。そう強く感じ、数日後に李さんに面会し取材を申し込んだところ、か細い声で、「仲間たちの無念を晴らすことができるなら、私でできることは協力しましょう」と答えてくれた。

この日を皮切りに、私は李さんとともに波乱の生涯を形作った宿命の地を訪ね歩いた。李さんの正確な記憶は蘇り、厚みをもった言葉となって立ち現れていった。

原点である韓国にも一緒に行くことができた。李さんと日本の戦争の関わりの契機を教えてもらったのは、釜山近郊の全羅南道の故郷の村、沙谷里《サッコリ》である。

「韓国の片隅の農村とはいえ、太平洋戦争が始まると、戦争一色になりました。小学校の先輩に日本軍に志願した人がいたのですが、英雄のような存在で、彼が帰って来た際には村をあげて盛大にお祝いしましたよ。私もそんな姿にあこがれていたのは事実です」

東南アジア各地の緒戦で勝利を収めた日本軍は、投降してきた多くの連合国軍の捕虜を抱えることになる。その管理に苦慮した日本軍が目をつけたのが、植民地の朝鮮や台湾の青年たちである。

「一九四二年春に周囲の人たちから、捕虜監視員にならないかと言われました。好待遇で、魅力的な話だと思いましたね。私は捕虜監視というのは、高い所に立って、何か指図をする道路工事の現場監督みたいな仕事をすると思ったわけ。勤務地も当然、朝鮮だと思っていました」

極めて簡単な試験を受け、李さんは捕虜監視員の試験に合格する。釜山にあった専門の訓練所に召集され、そこで二カ月を過ごした。ホテルや大型商業施設が建ち並ぶ中心街のほど近くにある訓練所跡地に一緒に行った時、李さんは遠くを見るような目つきになり、語り始めた。

「管理にあたる人はみんな日本人で、兵舎はおんぼろのバラックで水道もないようなところで仰天しました。小隊ごとに訓練や生活するのだけど、その内務班の日常に閉口させられました。私的制裁は横行し、理不尽なことで軍曹などに殴られました」

捕虜の監視を任務とするにもかかわらず、捕虜の取り扱いを定めたジュネーブ条約は教えられず、存在そのものも知らなかったという。

「捕虜の風俗習慣とかね、言葉とかの教育があると思ったんですが、それがまったくない。そのかわりに銃剣の使い方、戦争の仕方、野戦の仕方を毎日繰り返し叩き込まれました。いわゆる初年兵教育でした。でも実際に銃を撃ったことはありません。軍人勅諭を暗唱させられ、毎日それを大声で唱えさせられました」

そして「生きて虜囚の辱めを受けず、死して罪禍の汚名を残すこと勿れ」という戦陣訓の精神を叩き込まれた。絶対捕虜になるな、なったなら自決しろという教え。こうして李さんたちの中に捕虜に対する考え方の基礎が作りあげられていったのである。

「『天皇陛下の赤子』『一視同仁』『内鮮一体』などのスローガンも叩き込まれました。そして、とにかく毎日よく殴られましたね。忘れられないのはビンタです。日本人の上等兵たちは『お前たちをこれから立派な日本人にしてやるんだ』と言いながら、毎日のようにビンタを張ってきたのです」

訓練を終えた朝鮮の青年たちおよそ三千人はタイ、ジャワ、マレーの捕虜収容所に監視員として配属された。一九四三年二月、李さんが送り込まれたのはタイの鉄道の工事現場だった。泰緬鉄道。わずか一年ほどの期間で、タイ国境からビルマにかけての密林地帯全長四百十五キロにもおよぶ鉄道を通すという大プロジェクトの担い手は、アジア人労務者と連合国軍の捕虜たちだった。物資は不足しており重機などほとんどなく、ツルハシやノミやシャベルに頼る人海戦術だった。映画『戦場にかける橋』にその様子が描かれているが、捕虜たちは過酷な労働を強いられた。

李さんは、約五百人の捕虜たちをわずか五人の朝鮮出身者とともに監視した。

「戦陣訓」のスローガンが物語るように、当時、日本軍は捕虜を人間的に扱うことがなかった。日本式の軍隊教育を受けていた李さんたちは、捕虜統率のために、鉄拳制裁を下すこともあった。李さんが戦後、獄窓で綴った手記があるのだが、当時を振り返りこう記している。

「業務を執行するために、例えば命令に不服し、反抗的行動に出たり、物品を窃盗したり、破壊したり、彼等同士喧嘩をしたりする者にその場で適正したのである。適正の方法は、多くの場合ビンタを二つ、三つとる程度のものであるが、風俗習慣の違った彼らにとっては非常なる恥辱であったらしいがビンタは教育の一つの方法であり、そう罪悪視されていなかった日本軍隊で教育訓練を受けた私は彼らがそれ程恥辱としたのを知らなかった」

李さん自身、捕虜のひとりが天幕を床に敷物にしていた際には怒りに駆られ、彼の頬を平手打ちしたことをはっきりと記憶している。また突貫工事のために、軽度の患者は労働に出したという。

しかし、こうした行為がやがて仇となり李さんに跳ね返ってくる。

ジャングルは、病原菌の巣窟でもあった。雨季になると道路は泥沼化し、輸送が滞り食糧も医薬品も不足した。栄養失調や病気で百人もの捕虜が死亡したという。

そして迎えた一九四五年八月十五日。日本の敗戦で、朝鮮半島の人々は三十六年に及ぶ植民地支配から解放された。捕虜監視員は現地除隊になり、李さんはバンコクの街中の寺院で自活を始め、解放された祖国に帰る日を一日千秋の思いで待っていたという。

しかし朝鮮人捕虜監視員の前途には過酷な運命が待ち受けていた。連合国軍が出した「ポツダム宣言」の第十項は「捕虜を虐待せる者を含む、一切の日本の戦争犯罪人に対してはこれを厳しく裁く」というものだった。とはいうものの李さんは、捕虜たちを虐待したという認識はなく、他人事のように思い、心配すらしなかったという。しかし、ビンタを受けたこと、病気の時に労働させられたことなどを元捕虜たちは恨みに思っていた。李さんは、連合国軍に捕らえられ、収容所の諸問題の責任を背負わされた。シンガポールに移管され、そこで通訳や弁護人が不備なまま裁判が行われた。

「英語の裁判で、まったく理解ができません。判決は『デス・バイ・ハンギング』つまり絞首刑でした」。

何かの間違いだろう……。李さんの頭の中は真っ白になり、何も考えることができなくなった。

「私は故郷に帰れるどころか、誰一人身寄りのない異国の地で死んでいくのです。私のおこないが果たして死刑に値するものなのかどうか。不条理に対する思いで胸がいっぱいになりました」

李さん同様に東南アジア各地で捕虜監視にあたった朝鮮人たち百四十八名がとらえられ、そのうち二十三名が死刑となった。李さんは二十年の懲役に減刑されたものの、シンガポールのチャンギ刑務所、そして移管されたスガモプリズンの牢獄で青春時代を過ごした。

三十一歳で巣鴨を出所するが、そこで待っていたのは厳しい現実だった。戦時中「日本人」だった李さんは「外国人」となっていたのである。職も身寄りもない異国・日本。この時期、苦境に耐えきれず二人の朝鮮人戦犯が、自殺している。「対日協力者」とされているため、祖国朝鮮半島への帰還もままならない。刑務所内で普通自動車の運転を覚えていた李さんは、同じ朝鮮人の戦犯仲間とともに東京板橋でタクシー会社を設立し、口を糊した。

集会で訴える李鶴来さん

同じBC級戦犯でも日本人の場合は、恩給や年金、そして弔慰金が支給されていた。しかし、李さんは「外国人」であるため、援護措置が受けられない。罪は「日本人」として負わされ、援護と補償は「外国人」として切り捨てられる形となった。

一九五五年に日本政府に謝罪と補償を求め、仲間たちと「同進会」を立ちあげ、運動を開始した。

「何よりも処刑された二十三人、そして自ら命を絶ったふたりの無念に応えたいという気持ちがありました」

一九九一年からは裁判闘争を繰り広げているが、成果は出ることなく今日に至っている。

取材を通じて強く印象に残ったのは、李さんが、自身が戦争に加担した加害者だったことを深く省みながら、日本の戦争のために死んでいった仲間たちを常に思い詰めている真摯さだった。哀しみと怒りの入り混じったまなざしは深く私の中に刻まれた。李さんとの数カ月の日々の記録は、『ＥＴＶ特集『韓国朝鮮人ＢＣ級戦犯の悲劇』（二〇〇八年八月放送）に結実した。

二〇一八年末、李さんに会うため、西東京の彼の自宅を訪問した。李さんは、それまで見ていた相撲のテレビ放送を消し、こちらに向き直り、近況を語った。しかし、久しぶりの逢瀬にもかかわらず、会話は最後まで弾むことはなかった。帰り際に李さんはこう言った。

「諦めずにやっているのですが、どうなることでしょう。死んだ仲間たちに報いたいのですが」

小さな声で絞り出すように語ったあと、李さんが放った深いため息がいまも私の中にリフレインしてやむことがない。

この四月一日、李さんからこんなメッセージを受信した。


昨年末にも仲間が一人他界しました。一番若かった私も今年九十五歳になりました。体力・気力が衰え、皆様にもご心配をおかけしていますが、この立法を見届けないと、旅立つことができません。先に処刑された天国の仲間にも合わせる顔がないと感じています。

あと四カ月後の二〇二〇年八月には「戦後七五年」を迎えます。

誰のために、何のために、朝鮮・台湾の青年たちは動員されて、命を捧げ、戦後は家族も含めて耐えがたい労苦を強いられたのか、因果を真摯に受け止めていただきたいのです。不条理と未解決の歴史をこの先将来にも引きずることは、日本国にとっても不名誉で不利益なことではないでしょうか。現在直面している新型コロナ・ウイルス感染拡大のような新たな危機への対処に集中されるためにも、けじめを早くつけていただきたいのです。

どうぞ今国会で法案を成立させて、問題を解決していただけますよう、心よりお願い申し上げ、訴えます。

四月一日　李鶴来

いよいよ李さんにとって最終ラウンドである。李さんの悲しげな目が、喜びで輝くのを見たいと強く思う。

第17話

三人の女学生たち

（長崎の兵器工場で
魚雷作りに従事して被爆）

奪われた日々

長崎大学のキャンパスに集まった
（左から）安日さん、立川さん、市丸さん

3人の元長崎高女生
安日涼子さん、立川裕子さん、市丸佳子さん。長崎県立高等女学校の同級生、3年生の時、三菱長崎兵器製作所大橋工場に学徒動員され、魚雷作りに従事した。原爆投下により、兵器工場では2000人を越す死亡者を出したが、3人は大怪我を負いながらも生還した。芥川賞作家・林京子は女学校時代の同級生で、3人と一緒に工場で働き、被爆している。

三人の女性が歩いていたのは、大学のキャンパスだった。すれ違う学生たちが怪訝な表情を浮かべていることなどなんら目に入らないようで、彼女たちは興味深そうに周囲を見渡している。「すっかり変わってしまったわね」と言いながら、そのまなざしは遠くを見るようで虚ろにも思えた。全員、八十八歳。彼女たちは、この場所で学んだわけではない。孫たちが通っているわけでもない。七十四年前、彼女たちは、ここで肉体労働に従事していたのである。

長崎大学文教キャンパス。およそ五千の学生や研究者が集う知の拠点が、戦時中、軍需工場だったことは、長崎の人たちの記憶からも薄れつつある。土地の歴史を明かすのは、人目を避けるかのようにキャンパス外の塀に埋め込まれた「三菱兵器」というコンクリート表札と、正門近くの壁に貼られた一枚のプレートぐらいであろう。銅板にはゴシック字体で「三菱長崎兵器製作所大橋工場」と標題され、在りし日の工場の写真が付されている。面積は約七万五千九百平方メートル。文教キャンパスがすっぽり入る大きさだった。三菱の「城下町」として軍需産業が発展していた長崎でも最大の工場だった。一万にものぼる人々が魚雷作りに従事した。しかし、戦況が悪化する中、働き盛りの男性工員たちは次々と戦場へと駆り出されていく。

不足する工員を補うために着目されたのは、「女子力」である。大橋工場だけでも複数の学校からおよそ千人の女子生徒が学徒動員されていた。名門で知られた長崎県立高等女学校・通称県立高女の三年生たちもその中にいた。年端のいかぬ十四歳から十五歳の少女たち三百二十名あまりが、県立高女から集められた。現在の中学三年の年齢にあたる。

私は、二〇一九年春から夏にかけて、県立高女に通っていた少女たちの戦時下の日々を探っていた。その三カ月にわたる労働の実態、そして被爆体験がいかなるものだったのか。取材を進めていく中で巡り合ったのが、安日涼子さん、立川裕子さん、市丸佳子さんの同級生三人である。この日、三人はかつての「職場」を久しぶりに訪ね、当時のことを振り返った。当初、事態を軽く考えていた女学生はいたと市丸さんは言う。

「最初はね、勉強しなくていいから喜んでいた人が多かったんですよ。わー！と言ってね」

安日さんは頷きながらこう言を継ぐ。

「その頃はみなさんね、上級生もどんどん学徒動員になっていましたしね、それが当たり前の時代ですからね。当然だと思っておりました」

しかし教師たちは事態を深刻にとらえていた。立川さんは、動員直前に県立高女の校長が生徒たちに向かって語りかけた言葉を覚えていた。

「校長先生は、『きっと現場に行くと亡くなる人もたくさん出るだろうね』、とすごく嘆かれていました。だから私たちもやっぱりそういうことあるのかなという覚悟は持っていました」。

工場の引率教員は独身者だけが選ばれたという。
この日の取材の少し前に、私は工場で働く少女の心の内側を如実に語る貴重な資料と出会っていた。高女三年生のひとりが当時書いていた日記である。十五歳とは思えない大人びた文章力で、工場で働く一カ月半前から敗戦まで、一日も欠かさずに書かれた日記には、時代に大きく揺さぶられた少女の気持ちが綴られていた。五月二十二日の工場勤務直前のページにはこう記される。

私たちが待ちに待った動員令が来た。いよいよ私たちも国家の直接お役に立つことができる。(中略)私のような愚か者でもお国のお役に立つのかと思うと、本当に嬉しい。どんな誘惑にもどんな苦難にも負けずにしっかり増産の道へ励もう。

軍国意識が前面にあらわれた文面。立川さんも、同じような気持ちだったという。

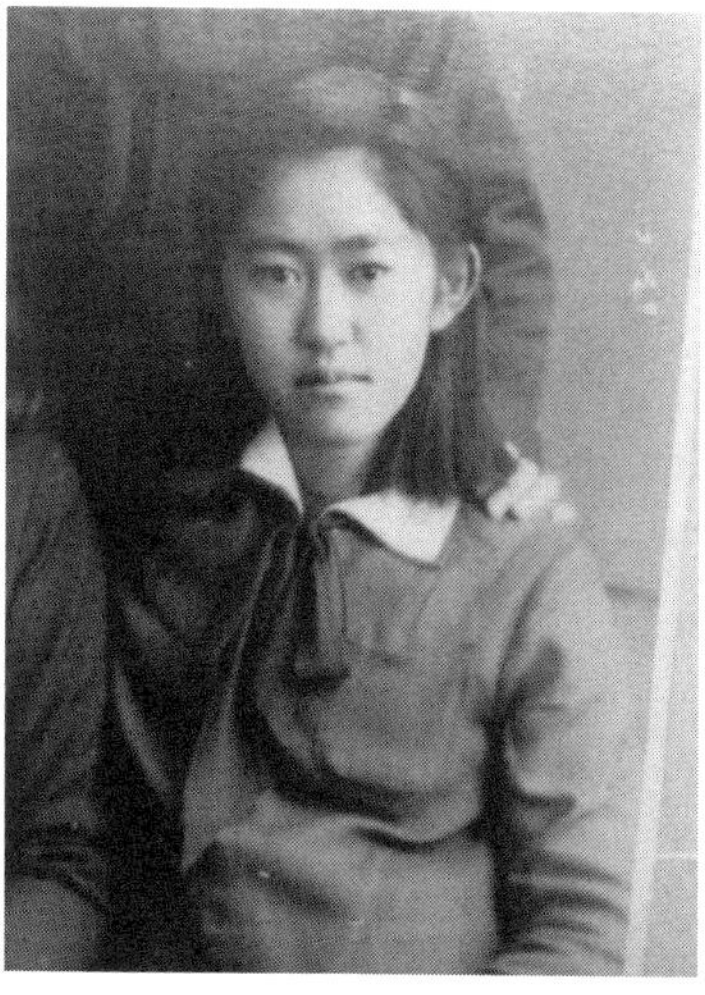

県立高女時代の立川さん

「やっぱりね、憎い敵を倒すために、自分たちはがんばるんだ、って気持ちでしたね。その時は疑問など抱く状態じゃないですよね。そういう教育を受けてますからね」

五月二十五日の少女の日記。この日はまさに工場勤務初日だった。

今日からいよいよ、私達が三年になってから待ち詫びてゐた工場生活が始まるのである。朝食をしてゐると大林さんが呼びに来られたので急いですまして蛍茶屋に行った。大橋行きの電車はとても並んでいる。明日からは早く来よう。大橋の工場は遠かった。明日から約十ヶ月間この工場に通ふと思ふと、なほ更敵撃滅の念が高まった。

少女の生真面目さがひしひしと感じられる。大量に魚雷を生産するため、たとえ少女とはいえ、いやおうなしに大人並みの作業に巻きこまれていた。安日さんと立川さんは事務系の仕事だったが、市丸さんは、魚雷の部品作りに従事した。

「何が何なのか全然訳わからないなりにやるのですが、当然うまくいかない。こうしなさい、あーしなさいと命令された。でね、力がないから、壁に寄りかかって作業をするとね、まっすぐしてしなさい！って怒られました。身長も小さく、体重が三十キロそこそこでしたからね、とてもものになるはずないですよね」

安日さんが同調する。

「本当なんにも役に立つような労働力にはならなかったですね」

立川さんは、ちょっとかぶりを振った。

「でも気持ちだけはね、お国のために頑張ろうと思いましたよ」

市丸さんは驚いたような声をあげる。

「頑張ろうって気あった？　私はね、休みたくてたまらなかった。でも休むと母に言ったらね、非国民と言われるから行きなさい、と無理に押しだされたの」

三者三様の工場労働。少女たちの姿を思い浮かべた。体もできていない中、学業を奪われ、慣れない重労働に勤しみ、疲弊していった。それでも抗う術などない彼女たちは、過酷な現実に立ち向かうことなど到底できなかったという。私たちのまわりを安寧の笑みをたたえた学生たちが行き交っていた。私は、眼前の学び舎の自由な雰囲気と三人がこの場所で背負った重荷とのギャップに目眩のようなものを感じていた。

そして一九四五年八月九日。工場からわずか千三百メートルの上空で原子爆弾が爆発した。兵器工場全体の死亡者は二千二百人あまり、負傷者は五千人を超えた。三人の高女の同級生五十人あまりがその年のうちに亡くなった。

立川さんも、当時、日記をつけていた。二〇一九年、その現物が七十年ぶりに見つかったのだが、そこに立川さんは、原爆投下の日のことを詳細に記していた。可愛らしいイラストが表紙につけられたノートだったが、その内容は深く濃いものだった。

昭和二十年八月九日!! 思ひ出しても恐ろしいあの日!!

でもその日はせんでんビラの事もすっかり忘れ幾刻かあとには恐しい運命にさらされる身ともしらず何時ものように薄暗い中に家を出た。工場へ行くと何時ものごとく空襲警報発令である。ひなんしたが、その時先生や多くの友とこれが最後の別れとならうとは神ならぬ身の私はしるよしもなかった。そしてそれから一時間のあとあの恐ろしい恐ろしい原子爆弾が私達の頭上におちようとは誰が想像する事ができたであらうか。

そして、その瞬間をこう綴っている。

急にパッと強い光があたりにみなぎって目の前が真黄色になった。私はその瞬間「事務室の電気がこしょうしたのかしら」と思った。しかし顔を押さへてうつぶしたあとはもう何事もわからなくなってしまった。何かバラバラと上から落ちてきて頭をガーンと打たれた様な気が何度かした。

立川さんはこう語る。
「その瞬間はね、パッと閃光が走り、私は気を失ってしまいました」
被爆直後の詳細についても、自身の内面も含め日記にしっかりと記録していた。

そして「私はもう死んでしまふのだらう」といふ考へがちらっと私の脳裡をかすめた。「南里さん南里さん（著者注・立川さんの旧姓）といふ呼び声がかすかに聞こえた様な気がしてハッと気がついて目をあけてみると、あー何たるみじめさ！一瞬にして天井も壁もなくコンクリートの壁まで倒れがらがらになったいろいろなものの下に私は倒れてゐた。

「目が覚めたら、すぐにお友達と逃げました。もうその事しか憶えてないですものね。本当に、怖かったですね」
怪我の描写は、あまりに酷いものだった。

顔中血がダラダラ流れて左の目が見えない。私は血まみれの顔を触ってみるとぬるぬるとした血の中にたくさんの傷口が開いている。私はもう目の前が真っ暗になってしまった。こんなに傷を受けて人前にも出られないと思うと急に悲しくなって涙がポロポロと流れた。手を見ると肌が鍵型に切れてダラッと下がっているところもあるし首も大きくきれている。

真っ白の県立の制服も新しいサージのモンペも髪も顔も手も血、血、ダラダラと流れて真っ赤になっている。そのぬるぬるとした手触り。身震いするようなこの姿。次々に傷のあるのを発見するたびに私はもう悲しくて悲しくて涙を流さずにはいられなかった。あー本当に夢のようだ。一瞬パッと光ったと見るともうこんなにひどい怪我をしているなんて。夢であってくれ夢であってくれ。この悪夢から覚めたならばどんなに嬉しいだろう。しかしこの悲惨な出来事は夢ではなかった。

立川さんは、こう語る。

「頭の中、首、顔、肩、腰とか。それから両方の腕。すごい傷でしたね。四方ガラス張りの部屋だったから、割れたガラスによる傷でしたね」

立川さんにどんな気持ちで日記をつけたのか、聞いてみた。

「原爆の状況を細やかに書き残したいと思って書いたのでしょう。誰に見せるわけではないけど、この体験を忘れてはいけない、どうにか記録しよう、文章にしなければいけない、という気持ちだったと思います」

立川さんは、全身に実に百カ所におよぶ傷を負った。今も鼻には傷が残り、体にはガラスが入ったままだという。市丸さんの体にもガラスは残っている。安日さんも大きな傷を負った上、母を含め家族のほとんどを原爆で奪われた。

キャンパスを歩き始めた時には、諦念に深く覆われていた三人のまなざしが、変容していることに気づいた。眼《まなこ》には炎のようなものが灯っていたのである。それは七十四年たっても忘れることができない仲間たちの非業の死への怒り、そしてそのことを後世に残すべしという情念であることに私は気づかされ、震えた。

第18話

加藤 登紀子

（歌手デビュー55年、未来へ）

遠い祖国

加藤登紀子さん

かとう・ときこ　1943年、ハルビン生まれ。東京大学文学部西洋史学科卒。シンガーソングライター、作詞・作曲家。城西国際大学観光学部客員教授を経て、星槎大学共生科学科客員教授、国連環境計画親善大使。昭和歌謡から最新のJ-POPまで幅広くカバーし、「赤い風船」で日本レコード大賞新人賞、「ひとり寝の子守唄」「知床旅情」で日本レコード大賞歌唱賞を受賞、「百万本のバラ」は大ヒットした。

佐賀市文化会館は、満員の観客で熱気にあふれていた。主役は加藤登紀子さん、おときさん。この日の舞台は彼女が実に四十五年にわたって続けている『ほろよいコンサート』だった。ファンたちは、地元の日本酒に酔いながら、登紀子さんの歌に聴き入っていた。『百万本のバラ』や『知床旅情』などの歌が熱唱され、会場はどんどんと盛りあがっていく。ひとつひとつの歌は力強く、胸の奥底に沁みわたってくる。私の心は、何度も何度も、震わされていた。

二〇一六年十二月のことである。

コンサートを終えたあとに、私は登紀子さんと一緒に隣県長崎の佐世保に行くことになっていた。

この一カ月ほど前に、知人の編集者が、こんなことを教えてくれたのがそもそもの発端だった。

「引揚げ港というと、みんな博多や京都の舞鶴を連想するでしょう。でもね、佐世保の浦頭は、博多の次に大きい引揚げ港なんです」

どんな人物がいるのか聞いてみると「有名なのはバタヤンこと田端義男ですよね。それにモリシゲ、森繁久弥」。二人とももはやこの世にいない。次に出てきたのは、現役の大物歌手の名前だった。

「加藤登紀子です」

不思議なことがあるものだ。編集者と会って数日後、私は一通のメールを受け取った。「加藤登紀子パリ公演のお知らせ」という表題で、登紀子さんの事務所からだった。偶然を超えた運命のようなものを感じ、さっそく事務所に電話をした。応対してくれたのは、登紀子さんの姉、幸子さんである。パリ公演の話などを聞いたあと、佐世保浦頭のことを話すと、幸子さんはこう言った。「一九四六年十月一六日に、私たちは満州から浦頭に引き揚げたんですよ」

まさに、それからちょうど七十年である。節目のタイミングに、登紀子さんに現地に行ってもらい、所縁《ゆかり》の話を聞きたい。それを長崎のニュース番組の特別企画にまとめたい。そう持ち掛けたところ、年末の佐賀行きを教えてくれた。そんな流れで、私は登紀子さんの佐賀コンサートにお邪魔したのである。

コンサートで登紀子さんは、幼少期の自伝ともいうべき一曲を披露した。タイトルは『遠い祖国』。一九八八年に作ったものだ。「生まれた街の話をしよう。そこは遠い北の街。戦争の中で生まれて、そして幼い日に追われた街」。こんな出だしの楽曲を歌い終えた登紀子さんは、客席に向けて、こう問いかけた。

「この中で、満州生まれの人はいますか」

ぎっしりと詰めかけた客席のあちらこちらで挙手があった。「あら、もっと多いかと思ったわ」と登紀子さんは言い、こう続けた。「私はね、満州で生まれました」。

満州とは、一九三一年の満州事変をきっかけに、現在の中国東北部に日本軍がつくった傀儡国家である。登紀子さんは、太平洋戦時下の一九四三年、主要都市ハルビンで生を受けた。そこは革命から逃れてきたロシア人など国に守られていない人々が多く暮らし、不思議な雰囲気に包まれていたという。

コンサートが終わり、その日の宿泊地嬉野に向かう道中で登紀子さんは、自身の「故郷」についてこう教えてくれた。

「子ども時代のことでハルビンの記憶そのものがありませんでした。わたしが再びハルビンを訪れたのは、文革の嵐が収まった一九八一年のこと。音楽祭で歌うことになったんです。その時に、地元の人たちに温かく迎えられました。おかえりなさい、って言われて抱きしめられて、涙がとめどなくあふれました」

『遠い祖国』の歌詞には、こんな一節があった。「たとえそこが、祖国とよべない、見知らぬ人々の街でも、私の街と呼ぶことを許してくれますか」。

「まさに、ハルビンに初めて行った時の感情そのものを歌詞にこめたのです」

登紀子さん一家に、大きな事件が振りかかったのは、一九四五年八月九日のことだった。日本と不可侵条約を結んでいたソ連が、条約を反故にして突如満州に侵攻した。関東軍は崩壊状態に陥り、多くの一般人が犠牲となった。

母淑子さんは、ロシア語を習っていたため、それが奏功した。ソ連軍の将校などと交渉ができたからだ。語学力と堂々とした立ち居振る舞いで淑子さんは困難を乗り切り、一家はハルビンを出立することができた。

「私たちが出たあとに混乱が広がってしまいました。一カ月後だったら生きて帰れなかったわね」

目指したのは遼寧省の都市・錦州である。登紀子さんたちが駅から乗り込んだのは、石炭を積むための無蓋の貨車だった。普通だったら十数時間で到着するのに、一カ月もかかったという。

「すぐに貨車は止まってしまう。出発するまで線路脇に野宿をしたり、ガラス工場に泊まったこともあります」

線路伝いを長距離にわたって歩いて行かなくてはならない非常事態に直面した際、荷物と登紀子さんを背負っていた母は、「歩きなさい」と登紀子さんを促した。「歩かないと死ぬことになるのよ」。まだ二歳だった登紀子さんは小さい体から力を振り絞って歩いた。生きるために。

のちになって登紀子さんは、母からこんなことを言われたという。

「『敗戦になって、自分たちを守ってくれるものなど何もない。もちろん国なんて守ってくれないわよ。でも人はみんなあなたと私、という関係で向き合えばいい。国なんか関係ないのよ。自分を信じて生きていかないとね』と強く語っていました」

ようやくのことで辿り着いた錦州には雪が降っていた。その時の雪の風景を「美しかった」と語った母の言葉から「公園の片すみ、むしろがこいに身を寄せ合って眠った。その夜暗い空から降った白い白い粉雪」という『遠い祖国』の三番の歌詞ができた。

雪の錦州をさらに南下して、到着したのが葫蘆島《ころとう》の港である。日本に向けて船が出るのだ。

「あとで知ったのですが、戦後の混乱のさなか、日本政府は外地にいる日本人は、帰国できなくても仕方がないと考えていたようです。しかし、アメリカ側はそれでは困ると考えたようで、私たちは帰れたようですね。諸説あり、のようですが」

遠州丸という船で、二千三百人ほどが乗っていた。玄界灘の荒波を越える船旅は厳しいもので、船中で命を落とした人々も多かった。何日かして、見えてきたのは、佐世保湾に浮かぶ緑の島だった。

コンサートの翌朝、私は登紀子さんと幸子さん、マネージャーの西山秀子さんとともに、登紀子さんが最初に上陸した日本＝針生島・浦頭に向かった。

この日はあいにくの曇天で、埠頭を抱いた浦頭には灰色の雲が低くのしかかっていた。小さな造船所や冷凍施設などが並んでいる港は、釣りにはもってこいのようで、太公望たちが糸を垂らしている。

車を降りた登紀子さんは、何かを確認するかのようにあたりを足早に歩いていたが、岸壁にある石碑に気づくと、その前で立ち止まった。碑には「引揚第一歩の地」と刻まれている。まさに登紀子さんが降り立ったその場所だった。

「ここに検疫所があり、DDTをまかれましたね」

いまはその面影はないが、浦頭は敗戦の年から五年間にわたって、主に中国大陸や南洋諸島からおよそ百四十万もの人が引揚げてきた、大規模な港だった。

登紀子さんの父は、一緒に帰国が果たせず、母淑子さんが登紀子さんたち三人のきょうだいを守っていた。登紀子さんは、この時、まだ二歳八カ月。今も母の労苦を思い、噛みしめている。

「生きるっていうことの必死の真っただ中。そして生き延びなくちゃならない。戦いの真っただ中だった」

登紀子さんが上陸した浦頭の港

日本にたどり着いたものの、力尽きて浦頭で亡くなっていく人も多かった。その中には小さな子どもたちもいた。「必死に生きた」のは、母だけでなく、登紀子さんも同様だった。

「子ども心に戦いの始まりだったのかもしれませんね」

そう言って、登紀子さんは遠くを見つめた。

登紀子さんたちが収容されたのは、八キロほど離れた宿舎だった。姉・幸子さんがこう教えてくれた。

「バラックの建物が何棟もあり、そこに一週間ほど滞留しました。みんなでさつまいもをふかしたりして飢えをしのぎましたね」

その場所に行ってみたが、かつての収容所跡地には、まるでヨーロッパに迷いこんだかのような瀟洒な建物が林立していた。「ハウステンボス」に変じていたのである。厳しい歴史と年末のイルミネーションが輝くテーマパークとの乖離が激しすぎて、私はそのギャップをなかなか埋めることができなかった。

その後、加藤一家は、京都の母方の祖父母のもとに身を寄せることになり、戦後の第一歩を踏み出して行く。

登紀子さんがハウステンボスを見ながら語った言葉が今も心に響いている。

「生きるというのは、私にとって旅のようなものですよね。常に生きるためには何か新しい頁を開き続けるのが私の生き方になっている。その出発点がここなんです」

その両眼には燃える炎のようなパッションが宿っていた。登紀子さんの歌にこめられた力強さの理由が少しだけわかった気がした。


私は、その後、自作のドキュメンタリードラマ『あんとき、』に登紀子さんに出演をして貰った。被爆二世の主人公の母親で、本人の経験そのまま、満州引揚げの経験を背負っている設定である。ドラマとドキュメンタリーが入り混じるたいへんな役回りだったが、登紀子さんは、楽しみながらやってくれた。

その後も登紀子さんの目線で美空ひばりさんを見つめるドキュメントを作るなど歩みを共にしているが、苦しいことも前向きに転じて行く力強い姿勢を登紀子さんから深く教わっていると思う。

今年は歌手デビューから節目となる五十五年目。しかし、コロナウイルスの影響で、三月、四月に予定していたコンサートがすべて中止となった。オリンピック延期が決まった直後、登紀子さんに、久しぶりに会った。

「こんなことは私のデビュー以来、一度もなかったですね。でも、苦しんでいる人たちのためにもこれまで以上に心をこめて歌っていきたいですね」

そう言うとにこやかに笑った。登紀子さんはやっぱり強い。
新たに作った曲のタイトルはそのものズバリ『未来への詩』。

Pray Forever Sing For Future Reach Your Arms Give Your Hearts
遠い昔から 人は歌い続けた どんなに暗い夜にも 朝が来るように 生きるすべての人に 幸せが来るように 人は愛を歌う 悲しみの時にも（中略）
名もなき人の声が いくつも繋がって 風に運ばれて来る 知らない遠い町から
あなたの夢の中に きっと届くだろう 祈り歌い継がれた 未来への詩が

「今年は戦後七十五年という節目です。そして私のデビュー五十五年。戦後をしっかりと振り返り、そして未来へ向かっていく年にしたいですね」
登紀子さんのビジョンの広がりは、とどまるところを知らない。これからも歌の世界のレジェンドと何を一緒にできるのか私は楽しみでたまらない。

第19話

フランシスコ

（日本に特別な思いを寄せるローマ教皇）

パーパ、来訪

ローマ教皇フランシスコ（2014年8月）
出典：Korea.net／海外文化広報院（Jeon Han）

ローマ教皇
フランシスコ
1936年、アルゼンチンのブエノスアイレスで、イタリア系移民の子として生まれる。イエズス会に所属し、各地で司祭、司教を務め、2013年に第266代ローマ教皇に就任。2019年11月、「すべてのいのちを守るため」をテーマに来日。ローマ教皇の来日は38年ぶりで、ヨハネ・パウロ2世に続いて2度目。広島、長崎を訪問して平和の祈りを捧げ核兵器廃絶を訴え、東京ドームでは5万人のカトリック信者を前にミサを行った。

朝八時前、空は鉛のように重苦しい色をたたえ、いつ降り出してもおかしくなかった。よりによって、こんな特別な日に悪天候にたたられるなんて……。今日の主人公の体調も思いやられた。

二〇一九年十一月二十四日。ローマ教皇フランシスコが長崎にやって来る。長崎は、十六世紀後半に、ポルトガルの貿易港になり、イエズス会の本拠地として多くの宣教師が来訪し、教えが深く広がり「日本の小ローマ」と呼ばれていた。しかし、秀吉の時代、バテレン追放令によって、キリスト教は窮地に陥り、弾圧が繰り広げられる。とりわけ、現在NHK長崎がある西坂は、キリシタンの処刑場だった。京都で捕縛され耳を切られ長旅を強いられ、この地で十字架に磔《はりつけ》になった二十六聖人がもっともよく知られているだろう。江戸時代に弾圧はエスカレートし、殉教者が続出。やがて日本から宣教師も修道士もいなくなった。

そんな時期も長崎の一部の人々は極秘裏に信仰を守った。いわゆる「潜伏キリシタン」たちは、実に二百五十年にわたって指導者不在のままオラショをとなえ、「パーパの船がやって来る」と信じ、その日を待ちわびた。「パーパ」とはローマ教皇のことである。明治時代の初め、ようやく禁教がとけ、長崎はふたたびカトリック信仰の中心地となった。

そんな長崎に、現役の「パーパ」が訪問するのだ。しかもフランシスコは、日本にキリスト教を広めた修道会イエズス会の出身だ。彼自身、神父になりたての若い頃、日本での福音宣教を目指したが、体が弱かったため来日を断念していた。あまり報じられていないが、フランシスコは日本に着いた直後にこんな発言をしている。

「私は若い時から日本に共感と愛着を抱いてきました。日本への宣教の望みを覚えてから長い時間がたち、ようやくそれが実現しました。私は信仰の偉大な証人たちの足跡をたどる、宣教する巡礼者としてここにおります」

つまり来日はフランシスコの強い祈願だったのだ。三泊四日という過密スケジュールの中、多くの殉教者を出した長崎が、最初の訪問地に選ばれた。

八時過ぎ、私は長崎駅前で朝食を終え食堂を出ると、大粒の雨が降りしきっていた。時折、鈍色の空の一画に白く閃光が走り、雷音が響き渡る。私は、ホテルで借りた傘を開き、急ぎ足で目的地の西坂公園に向かった。数十メートルおきにすれ違ったのは、長崎県警の警察官たちだ。目つきの鋭い人々は私服のようで、警備の力の入れ方が半端ではない。NHK長崎放送局を横目に見ながら、坂をあがっていく。見慣れたはずの公園だったが、入り口にはゲートが設えられ、まるで見知らぬ場所に迷い込んだような錯覚に陥った。厳密なセキュリティーチェックで、ペットボトルの持ち込みさえ禁じられた。ようやくのこと定められたポジションにたどりついた時には、雨脚はさらに早まり、ザアザアと音をたてた豪雨が襲いかかってきた。稲光に子どもたちの叫び声が混じる。荒れ狂う天候は、何ものかの怒りをあらわしているように思えた。

不思議と満場はカッパ姿で傘を差した人はいない。しばらくして県警の腕章をつけた男が近づいて来た。「傘は会場では禁止です」。理由を聞きたかったが、私一人しかいない状況で問い返せなかった。激しい雨を防ぐ策はなく、濡れ鼠になるしか仕様がなかった。


悪天候の影響で三十分ほど到着が遅れた教皇が、長崎空港から直接向かったのは、爆心地公園だった。七十四年前、上空で原子爆弾が炸裂し、まさに中心地である。九時三十分、西坂公園の大型モニターに、黒塗りの車が大写しになった。フランシスコが公園に到着したのだ。豪雨を気にする素振りも見せず、純白の祭服をまとった教皇は車を降り立った。被爆者代表の人々と挨拶をかわすと、ゆっくりと確かめるように爆心地に歩んでいく。折しも風が吹き荒れ、雨は横からも吹き付けていたが、教皇は気にも留めずに、雨に濡れながらマイクに向かった。その姿は、悲壮さすら帯びていた。

「この街は核兵器が人類と環境にもたらした大惨事の証人です」

スピーチの冒頭は、長崎が歴史的に特別な場所であることの強調から始まった。私の目はモニターに釘付けになった。

教皇は、日本が参加に否定的な核兵器禁止条約にバチカンが真っ先に賛同したことを述べ、はっきりとした言葉で核の脅威を語った。

「核兵器の使用がもたらす壊滅的な破壊を考えねばなりません。軍拡競争は貴重な資源の無駄遣いです。今日武器はより破壊的になっていて、これらは途方もないテロ行為です」

拡大しつつある相互不信によって核兵器の使用をちらつかせる各国首脳への疑問をにじませ、核の使用はテロ行為だと踏み込んだ。その上で、為政者へメッセージを投げかけた。

「政治の指導者の皆さんにお願いします。核兵器は世界や国家の安全を脅かすことから守ってくれないと心に刻んでください」

たった五分間だったが、今いの一番に解決すべきことに臆さずまっすぐと向き合ったメッセージに心揺さぶられた。それは、テクノロジーこそ進化したものの、他者への気遣いを忘れた独善的に陥り倫理を退化させている私たちへの痛烈な批判でもあった。モニターに大映しにされたフランシスコの目は、疲労の濃いものだったが、メッセージ同様に悲しみと怒りが入り混じっていた。私は、シャツにまで侵入してきた雨に震えながら、教皇の言葉が全世界に届いてほしいと心から願った。あとになって通訳をしていたレンゾ神父から聞いたのだが、激しい雨にもかかわらず、フランシスコは傘を差し出し、次の行程をうながす側近の人物を制し、濡れながら予定外の祈りを爆心地に捧げたのだという。降りやまぬ豪雨は、この地を襲った原爆で命を落とした非業の死者たちの無念の涙であり、フランシスコの祈りの涙だと思った。

本名、ホルヘ・マリオ・ベルゴリオ。イタリア移民の子としてアルゼンチン・ブエノスアイレスで生まれ育つ。郷里で神父となったが、つねに貧困層の暮らす地域に通い詰め、弱者と同じ目線で対話を続けてきた。内戦下のアルゼンチンで大司教となり、政治と宗教の狭間で難しい舵取りを迫られた経験を持つ。二〇一三年に教皇に就任して以来、貧困や難民、地球温暖化など現代が抱える喫緊の問題に正面から取り組み、強いメッセージを発してきた。きさくで質素な性格で世界的人気を誇り、「ロックスター教皇」とも呼ばれている。

爆心地での祈りが終了して二十分後、西坂公園に黒塗りの車が到着した。

教皇の存在をそこに実感した時、私の心は興奮ではなく、懐かしさをたたえた哀しみをおぼえていた。母と父に手を引かれて歩いた少年時代の安心にも似たような感覚だった。

西坂公園は、二十六聖人が磔になったまさにその現場だった。やがて壇上にあらわれたフランシスコは、こう語り始めた。

「愛する兄弟姉妹の皆さん、こんにちは。私はこの瞬間を待ちわびていました。私は一巡礼者として祈るため、信仰を確かめるため、また自らのあかしと献身で道を示す兄弟たちの信仰に強められるために来ました。この聖地にいるとはるか昔に殉教したキリスト者の姿と名が浮かんできます」

この地で十字架の上で命を閉じたイエズス会士パウロ三木を具体的に引きながら、二十六聖人の殉教が「死」ではなく「あたらしい命の種」で「命の勝利」だ、と述べた。理解できたかといわれるとおぼつかないが、「生」と「死」の関係性を深いレベルで教皇はとらえていることを痛感させられた。

雨脚はさらにエスカレートし、どんどんと強まっていく。私は滴り落ちるほど全身びしょ濡れになっていたが、そんなことは気にならなくなっていた。ここで殉教した人々、血を流した人々の嘆きと教皇の悼みが交錯し、激しい雨に変容したのだと確信していた。


コンビニで軽食をとったあと、長崎県営球場に移動する。タクシーを降りたとたん、雨脚が弱くなっていた。トランクから機材を下ろし終えた午後一時前、雨はピタッとやんだ。一時間後にミサがひかえる中での、嘘のようなタイミングである。

スタジアムでの教皇の入場に注がれた熱狂は圧巻だった。まるでローリングストーンズかマイケルジャクソンのコンサートのように、満場の信徒たちは、パーパの名前を絶叫する。フランシスコが登壇した途端に、雲に切れ間ができ、そこから一条の光が差した。ミサが始まると、あたりは静まり返った。咳の音ひとつ聞こえない三万人の沈黙。ただただ、人々が胸に吸い込む息づかいが、沈黙に人の温もりを与えていた。

もののの十分もしないうちに雲は完璧に流れ去り、盛夏を思わせるような晴天となった。数々の苦難を経験した長崎を意識した教皇のメッセージは、紺碧の空のもとで発せられた。

「親愛なる兄弟姉妹の皆さん。長崎はその魂に、癒しがたい傷を負っています。その傷は、多くの罪なきものの、筆舌に尽くしがたい苦しみによるしるしです。過去の戦争で踏みにじられた犠牲者、そして今日もなお、さまざまな場所で起きている第三次世界大戦によって苦しんでいる犠牲者です。今ここで、共同の祈りをもって、私たちも声をあげましょう」

さらに各国代表が胸中の願いを吐露、未来への希望に満ちたミサとなった。

温かい空気がスタジアムには漂っていた。天気予報とまったく異なる朝の悪天は何だったのか。そしてやはり予報されなかったこの好天は何なのか。

何か見えない力が働いている。何か、ある。

そう思った。

フランシスコが来日にあたって携えたメッセージは「すべての命を守ること」だった。彼は広島の平和記念公園でこう語っている。

「私は慎んで声を発しても耳を貸してもらえない人々の『声』になりたいと思います。現代社会が直面する増大した緊張状態を不安と苦悩を抱えて見つめる人々の声です」

現代を苦しみを背負って生きている人々の小さな声に耳を傾け、その代弁者になろうというのだ。その言葉通り、フランシスコは、原爆、震災、原発事故で傷ついた人々、いじめや差別にあった若者たちと交流し、励まし、日本に多くのメッセージを残していった。

先行きが不安な世界情勢に加え、コロナ禍の終息も予測できない今こそ、フランシスコのシンプルなメッセージが大事に思えてくる。いつ何時、己の身に危険が振りかかるかも知れない中、「すべての命を守る」ためにはどうしたらいいのか。すぐに浮かぶ妙案などないが、他人事ではなく自分事として叡智をしぼって目をそらさずに取り組んでいくしかないのだろう。

第20話

中村 哲

（アフガニスタンに命を捧げた医師）

信と義に殉じて

なかむら・てつ　1946年―2019年。福岡県生まれ。ペシャワール会の現地代表やピース・ジャパン・メディカル・サービスの総院長として、パキスタンやアフガニスタンで医療活動に従事。アフガニスタンでは、帰還難民問題の解決のために用水路建設に取り組み、同国の名誉市民権を授与された。九州大学高等研究院特別主幹教授などを歴任、マグサイサイ賞を受賞。アフガニスタンのナンガルハル州ジャラーラーバードにて武装勢力によって銃撃され死去。

中村哲さん
提供：ペシャワール会・PMS（平和医療団・日本）

世界各地のクリスチャンが広場に集まり、よく晴れた朝の広場は温かみと聖なる雰囲気に包まれていた。白い服をまとった教皇は、予定時間より早くオープンカーであらわれ、人々の渦の中をゆっくりと周回する。来日時に各地でみせた笑顔は不変で、参拝者の中から赤子を抱き上げ頬を寄せ、人々の歓声を導いていた。まるでロックのコンサートのように熱狂した人々は携帯を頭上高くに翳《かざ》し、「生」フランシスコの姿を我が物にしようと必死である。

二〇一九年十二月初頭、私はバチカンのサン・ピエトロ広場で、教皇フランシスコの一般謁見式に臨んでいた。

広場は、初代ローマ教皇でもある使徒ペトロが殉教した場所でもあり、聖地でもある。熱狂がさめ、一転して祈りに満ちた空気の厳かさに、私のちっぽけな魂は圧倒された。

しかし、教皇が壇上からスピーチを始めてしばらくすると胸がザワザワしてきた。フランシスコの含蓄のある話にどうしても入りこめない。不謹慎ではあるが、電源をオフにした携帯が気になって仕方がなかった。これまで経験したことのない原因不明の不安感がさざ波のように去来してやまなかった。

教皇の話が終わり、広場をあとにして、ローマを一望できる高台に向かった。道中、なぜか頭に浮かんだのは天正遣欧使節団の一員・中浦ジュリアンの生涯だった。前日にバチカン図書

館で使節団の四人が描かれた教皇パウロ五世の戴冠式のフレスコ画を撮影したばかりだという
ことも手伝っていたと思う。

私は通訳コーディネーターのロレーナさんに熱く中浦について語った。ローマから帰国した中浦は神父となり、江戸の禁教期も九州各地に潜伏して民衆に伝道を続けたこと、しかしついには捕まり拷問により棄教を迫られたこと。しかし、彼は屈せずに「私はローマを見た中浦神父だ」と言って死んだ、云々。

話を終え車窓を流れる古の街並みをぼんやりと眺めているうちに、車は高台の頂上に到着していた。「この景色を中浦も見たんでしょうね」とロレーナさんに語りながら、私は車を降り携帯電話の電源を入れた。瞬時に小型画面に浮かび上がった緊急ニュースの文字に、私は我が目を疑った。そして頭が真っ白になった。

中村哲医師、アフガニスタンで銃撃を受け死亡。

その場で私は我を忘れ、声ならぬ声をうめき、しゃがみこんだ。膝から力が抜けていくのがわかる。私は、中村さんのちょっとはにかんだような笑顔を思い出し、ただただ、悲しみの底に沈んだ。

初対面は、七年前だった。当時、私は日中戦争から太平洋戦争にかけて、「従軍作家」として国民的人気をほこっていた作家・火野葦平について調べていた。中国に一兵卒として赴き、現地で『麦と兵隊』『土と兵隊』『花と兵隊』の「兵隊三部作」を書きあげベストセラー作家となり、その後もフィリピン、そしてビルマの戦地をまわり、次々と戦場文学を発表した火野だったが、敗戦後は一転して「戦争協力者」「戦犯」として扱われ、公職追放を受けた。さらに世間の冷遇にさらされ、最後は自死に追いつめられた。埋もれていた彼の従軍手帳をもとに、私は火野の文学世界が時代に何を投げかけたのかを探ろうとしていた。

火野の妹の息子が中村哲さんだった。甥の目に伯父の姿はどう映ったのか、火野作品は中村さんの中にどのような形で残存しているのか、中村さんの現地事業をサポートしているペシャワール会の事務局長福元満治さんの尽力でインタビューが実現した。

初めて対面して即座に射られたのは、その目の力だった。こちらの内心を見透かすような双眼に圧倒され、厳粛な心持ちになったことは忘れられない。その相貌は火野の戦後の代表作『花と龍』の主人公玉井金五郎そっくりであることにも驚かされた。ちなみに港湾労働者のリーダーで地域のまとめ役だった金五郎は火野の父であると同時に中村さんの祖父でもある。目の鋭さとうらはらに語り口は朴として優しく、いつのまにか、私は中村さんの話に引きこまれていた。中学時代に伯父の作品を読み込んだ中村さんは、庶民への目線こそ火野作品の根底を貫くもので、戦争礼賛が主眼ではないと感じたという。

「子どもを愛する一般のひとたちの心のうちが描かれている。そんな普通の『お父っちゃん』たちが引きずり出されるのが戦争であり、伯父は、その愚かしさを作品に描いていたと思う。でも、火野作品を礼賛していた連中が戦後になると今度は一転して非難を浴びせかける。伯父も辛かったと思います」

『麦と兵隊』を読み直してみると、確かに描かれているのは、名もなきひとびとの息遣いのようなものだと感じた。火野は日本兵のみならず現地で出会った中国の農夫たちにもおとらぬ愛情を注いでいた。中村さんは、アジアの庶民に寄り添おうとした火野の目線は少なからず自身の生き方に影響を与えているとも教えてくれた。

「いま伯父が生きていれば、器用に変転する近ごろの猛々しい世情に対して思うところがあったでしょう」

インタビューを通して中村さんが強調したのは、「信念に生きることの難しさ」そして「不条理な暴力性」についてだった。

福岡市生まれの九州男児である。九州大学医学部医学科出身。専門は神経内科学、神経病理学、ハンセン病学、熱帯病学と幅広い。大牟田労災病院など五年間にわたって国内で勤務した後に、一九八四年、パキスタンとアフガニスタンの国境近くの古都ペシャワールのミッション病院にハンセン病の主任医師として赴任し、その後アフガニスタンの山岳部に三カ所の診療所を開設した。あるインタビューでこの頃のことをこう回顧している。

「母親の悲鳴が聞こえるので行ってみたら子どもが息絶えとったという事態は日常的。国籍・人種に全く関係なく同じように人間として見るということ、そこに住んでいる人たちに対する責任感ですね」

医師として異国での活動を続けて十五年たった頃、ペシャワールやアフガニスタンが大干ばつに見舞われ、農地が荒れ果ててしまった。二十世紀最後の年、二〇〇〇年のことだ。

「干ばつでどこに行っても飲み水さえない状態。医療の限界でした。飢えや渇きに対して一服の薬では治す方法はない。清潔な飲み水と十分な食べ物があれば、人が死なずに済んだという思いが強くなりました」

本来、アフガニスタンの国民の八割が農民だった。

中村哲さん（中央）、完成した用水路で現地の人々と

しかし、干ばつで農業ができないため、傭兵に志願する者が続出、中にはテロリストになる者もいた。

「水が出て、農業ができて食っていけるなら、誰もそんなことはしたくないですよね」

中村さんは医療行為を超えた活動の決意をする。水不足を解決するため、賛同者の支援を得て、みずから井戸の掘削を始めたのだ。完成した井戸の数は千六百本におよぶ。しかし、事業を始めてまもない二〇〇一年九月、米同時多発テロが発生し、アメリカは報復としてアフガニスタン空爆を開始する。それでも中村さんは、誤爆を受けながらも現地を離れることなく支援を続けた。

「何十万という人が待っているわけですよね。それをほったらかして、事情があって帰りますとはできないですよ」

さらには「百の診療所より一本の用水路が必要」と痛感した中村さんは、大規模な灌漑整備に取り組みを始める。周囲の協力の輪も広がり、七年後には全長二十五キロの用水路が完成した。その記録映像を見たが、荒廃した砂漠が広大な木々が茂る農業用地に変容して行く様は圧巻だった。干ばつで職を失った農民や兵士たちが再び戻ってきて、農業を再開した。恩恵を受けた者の数は六十五万人にものぼるという。活動は世界からも注目をあび、アジアのノーベル賞ともいわれるマグサイサイ賞を受けた。二〇一八年にはアフガニスタンの大統領から個人表彰され、二〇一九年十月には名誉市民権を得た。ノーベル平和賞の候補にもあがっている。

一貫しているのは、弱き者の側に立ち、同じ目線で物事を見つめること。医師でありながら、異国の現場で自ら土木作業の先頭で重機を操る。

私は昨年の五月に、一時帰国した中村さんと一緒に北九州若松を歩く機会に恵まれ、幸いにも彼の哲学の源を探ることができた。中村さんがさっそく向かったのは、幼少期を過ごした母の実家だった。火野が「兵隊三部作」で得た印税で建てた実家は現存しており、「河伯洞」として一般公開されている。

そこにかつて暮らしていたのは、戦時下に空襲を受けた際も「竹槍で焼夷弾をたたき落として家を守った」という伝説を持つ祖母マンだった。マンは息子の自伝的小説『花と龍』の重要な登場人物である。任侠気にあふれていたマンは幼い中村さんに、「弱者は率先してかばう」、「職業に貴賎はない」、「どんな小さな生き物の命も尊ぶべき」などと説いて聞かせたという。

河伯洞の縁側に腰をかけて、中村さんは遠くを見るような目で、祖母の思い出を追憶した。マンと親しく接したことがその後の目線を養ったと中村さんは静かな声で、それでいて熱をこめ語った。

日が沈む前に、若松の象徴でもある高塔山に一緒にのぼった。雲ひとつなくよく晴れていて、関門海峡まで見渡せた。眼下の風景をじっと見つめながら中村さんは呟いた。

「ここがやっぱりいろんな意味で出発点と言った方がいいかもしれませんね」

これから自宅がある大牟田に新幹線で帰るという中村さんと小倉駅でわかれた。まさか、それが永遠のわかれになるとは思いもしなかった。福岡に戻り、私は火野葦平についての拙著(『インパール作戦従軍記』集英社)を中村さんに送った。しばらくして、中村さんから著書(『アフガン・緑の大地計画』)が送られて来た。そこには、一通の手紙が添えられていたが、こんな言葉が胸に突き刺さった。

改めて　あしへいにふれ、平和の意味をかみしめています。

＊

晴れ渡ったローマのあまりにも美しい光景を見ながら、ふと「殉教者」という言葉が心に湧いた。困っている異国の人のために、命がけで自分の信念を貫き、不条理な暴力によって散った中村さんは、信と義に殉じたのだと思った。

もっとたくさんお話を聞きたかった。平和の意味も教えてほしかった。中村さんは、日本とアジアの架け橋であり、希望の光だった。

なかったことにしないで
——あとがきにかえて

新型コロナウイルスが蔓延し、世界が動揺する二〇二〇年。今こうして筆をとるさなかにも東京オリンピックの延期の報がもたらされました。日々、対処が困難な事が次々と突きつけられています。

ひとつひとつの言葉が問われています。たとえばSNSを軸としたインターネットは役に立つ情報をもたらすとともに、状況の混乱と人々の分断を深めているようにも思えます。モラルなき言葉が氾濫し、人々の疑心暗鬼は広がるばかり。何を信じたらいいのか。何を基軸にしていけばいいのか。こんな時だからこそ、むやみに同調せずに、冷静に世の中を見つめる必要があるのは間違いありません。

だからこそ大事なのは先人の智恵と経験だと思います。本稿に登場いただいた人々のメッセージは、その先哲の叡智だと思います。読者の皆様の心の中に少しでも届けばと願ってやみません。

歴史の証人を取材するゆえの運命で、私が取材を終えたのちに鬼籍に入ってしまった人々は数多です。皆さま、大事な言葉を残してくださりありがとうございます。ひとりひとりの言葉を無駄にしないためにも、その内奥をしっかりと噛み締め、混迷の中も前を向いて歩まないといけないと痛感しています。

元号は令和となり、それまでのことがリセットされたように感じている人も多いように感じます。私自身もそのひとりかもしれません。しかし、苦難の時代と懸命に向き合った人々が振り絞るように残した声は、時代とともに風化させてはいけないものです。先人の葛藤には、今の時代の処方箋となる大きな意味があると思うのです。自分たちのたどってきた道・歴史をなかったことにしないで、しっかり見つめ直す。それこそが私たちが大切にし、深く考えていくべきことなのかもしれません。

長崎にいた私に、東京の全国保険医団体連合会出版部の里村兆美さんが声をかけ、『月刊保団連』での連載が始まったのがそもそもの契機です。そして、京都のかもがわ出版三井隆典さんがこのように一冊の本にしてくださいました。檀一雄氏の長女にして女優・エッセイストの檀ふみさんには、望外の推薦のお言葉をいただきました。時空を越えた邂逅と、その結実に感謝が募ります。

執筆に全面的に協力してくれた家族、とりわけ妻美樹に、この本を捧げます。

二〇二〇年三月　　桜香り、小鳥さえずる東京にて

渡辺　考

渡辺考さんの「まなざし」

まず何よりも、この素晴らしい本にめぐり逢えた幸運に、感謝しています。

きっかけは父でした。「檀一雄先生のことを書いたので、いちど目を通していただきたい」と、ある日、著者の渡辺考氏から連絡をいただいたのです。送られてきた「見えない糸」（第14話）には檀一雄への思いが溢れていて、死後半世紀近く経ってなお、こんなにも慕ってくれる読者を持っている作家の幸福に、遺族としては胸が熱くなりました。

しかし、「見えない糸」は、本書の中では異色です。第一に、渡辺氏は、生きた檀一雄の声を聞いていません。目を見ていない。直に会っていないことは、第19話「パーパ、来訪」のローマ教皇フランシスコも同じかもしれませんが、少なくとも教皇とは時間と空間を共にしています。

そして、それ以外の話に登場するのは、すべて渡辺氏自身が、直接、その言葉に触れ、そのまなざしの奥にあるものを覗いた人ばかり。

ほとんどが、私が「薄く」知っている人でした。その名前ははっきりと覚えていなくても、「そういう人がいる」という事実は、どこかで見聞きしていたように思います。

「もう同じことをね、繰り返し話すのも疲れます」

その一人、谷口稜曄さんの怒りと哀しみを含んだ声が、私の心にも突き刺さってきました。谷口さんの被爆体験については、一再ならず目や耳にしているはずです。そのたびに胸が痛んだことも確かだと思います。でも、日々の楽しみにウツツを抜かしているうちに、記憶はあっという間に薄まってしまいます。「なかったこと」にするつもりは毛頭ありませんが、記憶から零れ落ちるままにするならば、それは、「なかったこと」にするのと同罪なのかもしれません。

本書の素晴らしいところは、「薄く」しか知らなかった人を、「濃く」してくれるところです。日本の近代から現代を大きく俯瞰しながら、渡辺氏は筆を大上段に振りかざしたりしません。時代の波に翻弄された人、一人一人の瞳を覗き込む。言葉を噛みしめる。その人を衝き動かしている原動力について考える。人のことを知ろうとする時、つねに自分自身にも問いかけているからでしょう。そのドキュメントは通り一遍ではありません。その人の、人となりが「濃く」立ち現れ、強い印象を残すのです。忘れがたい人となります。

私の父・檀一雄についても同様です。いっぺんも父と会ったことのない渡辺氏のほうが、私よりもずっと深く父のことを理解しているようで、娘としては軽い嫉妬を覚えずにはいられませんでした。でも、渡辺氏の筆によって、私の中で「薄」まりつつあった檀一雄像が、再び「濃く」浮かび上がったことも事実で、これにもまた深く感謝せざるをえません。

檀　ふみ

渡辺 考（わたなべ・こう）

1966年東京都生まれ。テレビディレクター・プロデューサー、作家。早稲田大学政治経済学部卒。1990年NHK入局、ETV特集、NHKスペシャルなどを担当し、手がけた番組でギャラクシー賞選奨、放送文化基金賞、橋田賞などを受賞。映画『father』を監督。著書に『戦場で書く――火野葦平と従軍作家たち』、『特攻隊振武寮』（朝日新聞出版）、『プロパガンダラジオ』（筑摩書房）、『加藤周一 青春と戦争『青春ノート』を読む』（鷲巣力と共著、論創社）、『最後の言葉』（重松清との共著、講談社）ほか多数。近著の『ゲンバクとよばれた少年』（講談社）は第24回平和・協同ジャーナリスト基金賞を受賞。

まなざしの力 ―― ヒューマンドキュメントの人々

2020年8月15日　第1刷発行

著　者　© 渡辺考
発行者　竹村正治
発行所　株式会社かもがわ出版
〒602-8119　京都市上京区堀川通出水西入
TEL075-432-2868　FAX075-432-2869
振替 01010-5-12436
ホームページ http://www.kamogawa.co.jp
印刷　シナノ書籍印刷株式会社

ISBN978-4-7803-1106-8　C0095